员工加油!

STAFF! COME ON!

庄恩岳 —————— 著

浙江文艺出版社

图书在版编目 (CIP) 数据

员工！加油！/ 庄恩岳著 . —杭州：浙江文艺出版社，2020.7（2020.8 重印）
ISBN 978-7-5339-6133-6

Ⅰ . ①员… Ⅱ . ①庄… Ⅲ . ①企业—职工—修养 Ⅳ . ① F272.92

中国版本图书馆 CIP 数据核字（2020）第 097005 号

责任编辑　谢园园
封面设计　私书坊_刘 俊
版式设计　乐读文化
责任印制　吴春娟

员工！加油！

庄恩岳　著

出版　浙江文艺出版社
地址　杭州市体育场路 347 号
邮编　310006
网址　www.zjwycbs.cn
经销　浙江新华书店集团有限公司
制版　杭州乐读文化创意有限公司
印刷　杭州杭新印务有限公司
开本　710 毫米 ×1000 毫米　1/16
字数　194 千字
印张　19
插页　2
印数　20001-30000
版次　2020 年 7 月第 1 版
印次　2020 年 8 月第 2 次印刷
书号　ISBN 978-7-5339-6133-6
定价　69.00 元

前 言

　　"积极心态，快乐工作"是事业成功的法宝。疫情期间、灾难面前，我们更应该拥有好心态去工作。曾经做过一次舆论测验，有一题为"你认为人一辈子最重要、最幸福的事情是什么"。许多人认为，能够做自己喜欢的工作，并且从中挣钱，这是人生最重要、最幸福的事情。可是，人的一生中又有多少时间是在从事自己喜欢的工作？恐怕不是很多。好多人之所以陷入烦恼的苦海，是因为从事的工作是自己不喜欢的，这是人生痛苦的根源之一。特别是现在，许多人总是想寻找所谓理想的工作，却常常事与愿违。有一家杂志曾以"你一生中最后悔的事情是什么"为题，对全国 60 岁以上的老人进行了一次专题调查，大约有 72% 的老人回答"最后悔自己在年轻时心浮气躁，工作态度不够积极，没有发奋努力，等到自己明白过来，为时已晚，以致后来事业无成"。

　　我们无法改变世界，唯一能够改变的就是自己。尽管生命无常，生活起伏大，人生充满许多不如意，比如遭遇灾难、危机，等等。但还是有不少东西完全是我们可以把握的，比如对工作和生活的态度。有人说："每个人身上都有一件看不见的法宝。它的正面写着'积极心态'，反面写着'消极心态'。积极心态可以使你达到人生的顶峰，而消极心态会使你一生贫苦与不幸。"

心态不只影响工作，而且决定人们一生的命运。一个人心态好，即便目前从事的工作不是自己中意的，也能够心满意足、心安理得、心平气和，而这种积极的心态，就会带来愉快的工作态度，其工作效果就好，并且它会逐渐引导我们走向成功的道路。如果对工作心不在焉，或者心烦意乱，那么这种消极的心态就会带来不愉快甚至是恶劣的工作态度，其工作效果就差。能够把自己不愿意做的事情做好，这是生存的策略，更是人生的智慧。这个世界，这个工作，这个岗位，并不是仅仅为了你一个人而存在的。既然你已经到了这个工作岗位上，就要努力地把这份工作做好，这也是一种为人处世的责任。

积极的心态能调动一个人的心灵力量，而且能不断激发一个人内在的潜能，使其工作水平的发挥到达一种最佳状态，甚至是完美的境界。相反，消极的心态往往会阻挡心灵力量的发挥，更不用说激发内在潜能，它往往使人容易陷入悲观失望、得过且过、烦恼痛苦以及忧虑无奈的泥潭。其实，同样的工作环境，心态不同，其对工作环境的态度也是不一样的。有积极的心态，那么即使面对再不好的工作环境，也是气定神闲的，一点不会有烦躁、抑郁、悲观和自卑的情绪；存消极的心态，那么面对再好的工作环境，也是悲哀叹息，感觉处处不如意。

陶渊明的"结庐在人境，而无车马喧。问君何能尔？心远地自偏"，就是一种好心态的体现。有人问一个在事业上取得巨大成功的人士，其成功最关键的因素是什么，成功人士回答说："最关键的因素是我在工作中的好心态，所以工作的状态也好。"思想决定行为，而正确的思想往往是由良好的心态引导的，所以心态左右个人的行为。境随心转，乐观时我们看到的是美好的景色，悲观时我们看到的是萧条的景色。比如林黛玉的"葬花"，实际上就体现了心态问题。在别人眼里，满园春色、桃红李白意味着未来丰收的景象。可是在她眼里，片片桃花随春风悄然落地，好像她不幸、无奈和绝望的人生。所以说，同样的桃花、同样的春色，不同的人却有不同的心境、不同的感受。

有良好的心态，即使身处艰苦的工作环境，心情也是快乐的、愉悦的。否则，即使身处舒适的工作环境，心情也是苦闷的、忧郁的。人的一生，年轻的时候，不要害怕，应该积极去努力，这样到了老年就不至于懊悔。对工作经常挑三拣四，不是这个不顺眼，就是那个不如意的人，几年下来，人也累了，心也烦了，名也坏了，再想做什么事情，也非常困难了。其一生就这么碌碌无为地过去了。人生的成功往往有两种概念："一种是偶然灿烂的成功，一种是习惯于成功的成功，也就是积极态度的成功。"有报道说："一个日本人在冰窖里生活了一年，于是被人们视为奇迹和英雄。"殊不知因纽特人要在冰窖里生活一辈子，人们却习以为常。我们赞美新西兰人希拉力第一个成功登顶珠峰，却忽视了那个向导，正是他帮助了希拉力，在攀登珠峰过程中他被希拉力视为灵魂和寄托。可是，登顶珠峰对于那个向导来说只是工作，为了谋生的一份工作。

人人都想做大事情，这是一种本能，完全可以理解，但是这种欲望如果得不到正确的引导，人生就容易走上岔路。许多人刚走上社会时，心气很高，定位很不明确，认为自己就是救世主，为解决社会大问题而来，自己有知识、有能力，完全可以做大事情。但是，许多时候这种不切实际的想法，往往导致一个人在社会上总是碰得头破血流，有时候使自己的生存都发生困难。人们总是喜欢高估自己，认为自己有多么了不起，实际上这种想法对自己非常有害。所以，我们的工作态度一定要端正。工作的门槛一旦迈进去，就需要认真对待。为什么有的人迈得很轻松，而有的人却迈得很痛苦？为什么有的人工作愉快，进步飞快，而有的人工作烦恼，总是停步不前？实际上主要原因还是在于员工对工作的态度不同。

工作态度决定一个人的命运。据来自哈佛大学的一份研究报告表明：一个人如果得到一份工作，那么能不能做好，85%取决于其工作的态度，只有15%取决于其智力和能力等因素。所以说，工作成绩的好坏，主要取决于工作态度，而不是所谓的高学历、高水平。工作态度是一面镜子，能够照出一个人的内心世界，可以反映一个人的精神面貌和思想品德。同时，工作态度也是衡量一个人生存环境好坏的试金石。

美国学者莫尔腾先生在谈一个人对待工作态度的重要性时说：

"检验人的品质有一个最简单的标准，那就是看他工作时所具备的精神和态度。工作是一个人人格的表现，是'真我'的外部写真。看到一个人所做的工作，就'如见其人'。"积极的工作态度，会使人更优秀，更能干，更强大。当一个人成为社会群体中不可缺少的一部分时，证明这个人成功了；而当一个人变成社会群体中可有可无的人时，表明其人生是失败的。即使再差的工作，你也不要心生厌烦之情。一个人努力工作，掌握方法，使自己成为单位里不可或缺的人，那么就会逐渐变得强大，获得幸福和快乐，拥有美好的生活。

日本著名学者池田大作说："工作上的信用是最好的财富。没有信用积累的青年，非成为失败者不可。"即使工作环境一时有不如意的地方，理想与现实之间产生了很大的差距，也不要消极悲观。特别是新进一个单位，更不能事事看不惯，时时去抱怨。一般来说，单位对于每一个新进的员工，总是一视同仁的。无论你在学校或者原单位是多么优秀，到新单位后都得重新开始，从零开始。

没有人会为你的人生负责，你只能为自己负责。没有良好的工作态度，实际上将钻进人生的死胡同。你只能自己去适应这个世界，而不是让社会来适应你。要想清楚，是平台成就了你，还是你创造了平台，不要把工作平台的高大上当成自己的本领。一个人再有本领，再有大学问，也不要去做不自量力的事情。保持积极的工作态度，即使一开始面对自己不喜欢的工作，也会逐渐地喜欢上，并干出一番名堂来；而消极的工作态度，就是哪怕工作环境再好，也会逐渐地厌烦，最终导致无法胜任本职。不管你喜不喜欢工作环境以及周围的同事，那些都是客观存在的事实。唯有改变自己的态度，变不喜欢为喜欢，微笑面对，才会爱上工作，发现同事的优点。

"人生在世，我们都渴望建功立业，也希望参与公平竞争，但事实上，世界上真正的公平竞争很少，总有这样那样的不公平因素。"努力工作是最好的选择，因为积极的工作态度使人更优秀。美国前国务卿赖斯，短短 20 年时间，从备受歧视的人成为受人尊敬的人，其奋斗史很有传奇色彩。赖斯经常牢记父母的话："改善黑人状况的最好办法就是取得非凡的成就。如果你拿出双倍的劲头往前冲，或许能赶上白人的一半；如果你愿意付出 4 倍的辛劳，就得以跟白人并驾齐驱；如果你愿意付出 8 倍的辛劳，就一定能赶在白人前头。"于是她发奋学习，不断积累知识，迅速增长才干。我们应该向她学习，付出"8 倍的辛劳"，保持积极的工作态度并努力前行。

人生只有时常加油，才有生命的灿烂！越是困难，越是危机时刻，我们越应该加油！珍惜你的工作，珍惜你的时间，珍惜你的拥有，珍惜你的信用。员工！加油！

庄恩岳

2020 年 7 月

目 录
CONTENTS

人生机会就在工作中

人的一生可能燃烧也可能腐朽。我不能腐朽，我愿意燃烧起来。

——奥斯特洛夫斯基

前途很远，也很暗。然而不要怕。不怕的人的面前才有路。

——鲁迅

商道榜样

可能谁也没有想到，一场新冠肺炎疫情，让钉钉成为最大的黑马。

截至 3 月 14 日，全国超过 2 亿的学生，都宅在家上起了网课。从小学到大学，从学生、老师到家长，似乎都在一夜之间成为钉钉的新用户。截至 3 月 31 日，钉钉的下载量突破 3 亿人次。

也许有人会说，是特殊因素造成了钉钉的爆发。可事实上呢?

更应该说是机会青睐于有准备的人。

作为阿里巴巴创始人的马云，多年以来，一直念念不忘的便是进军社交软件领域。可惜，每一次都是高调入场，铩羽而归。然而，他始终没有放弃，并在自己退休之前留了一手——"无招"。

熟悉阿里巴巴的人都知道，阿里团队中的每一个人都有花名。"无招"，便是陈航的花名，他是钉钉的创始人。说起陈航，他算得上是阿里著名的"失败专业户"，因为经他手中诞生的产品，几乎都如同石沉大海。从最开始的"一淘"，再到后面的"来往""Real如我"等，都未能在市场上泛起什么浪花。

尽管如此，马云始终相信陈航，他倾全阿里之资源支持陈航，将自己的"社交梦"寄托在他身上。马云曾喊出"火烧企鹅"的口号，要与腾讯分争天下，还拉来不少明星好友站台助阵，动用支付宝导流，砸 10 亿巨款全力扶持"来往"。

结果呢？起势有多高，跌得就有多惨。陈航成为阿里史上"最失败的高管"。可他始终没有放弃，用他自己的话说，"没死透就还有机会！"

2014 年，陈航带着 6 个"来往"的"残兵旧部"，来到湖畔花园马云的家，一扎就是 9 个月，闷头打造新产品。那几个月，陈航几乎每天都是凌晨两点才下班。如此，才有"钉钉"的诞生。

连马云都说，"钉钉是被打败之后再度起来的"。试问，如果没有夜以继日的屡败屡战，怎么可能有钉钉的漂亮逆袭？

员工加油

"神圣的工作在每个人的日常事务里，理想的前途在于一点一滴做起。"生存是一个人的生活基础，而发展是一个人的人生目标。在日常工作中，一定要结合自己的人生目标，时时处处做一个有心人，善于在工作中等待和创造各种机会。重视自己的工作，努力去做好，才能有发展的机会。工作不是一场游戏，它首先是生存的一种形式。人只有填饱了肚子，才会再去追求事业。如果工作成为一场游戏，那么人生就会荒废。人生一切的成功，都归于自己平常工作的积累。愚蠢的人既不愿等待机会，也不会创造机会；智慧的人不但会等待机会，而且会创造机会。美好的前途是自己创造的，而不是别人恩赐的。只有不断地努力，才是造就一个人成功的法宝。天才是由1%的灵感，再加上99%的汗水造就的。如果你不比别人干得更多、更好，你的价值就不会比别人更高。没有平时的辛勤工作，哪来成功的喜悦？

"爱好才能变能手。"兴趣比什么都重要。稻盛和夫说："彻底喜欢自己的工作，是通过工作丰富自己人生的唯一方法。""今天一天努力干吧，以今天一天的勤奋就一定能看清明天。这个月努力干吧，以这一个月的勤奋就一定能看清下个月。今年一年努力干吧，以今年一年的勤奋就一定能看清明年。"俗话说："有情人相会，千里不过一里。"只要喜欢、热爱工作，热情自然会不断涌现，自觉去努力，进步就会神速。在他人看来你工作很辛苦，但是你自己根本不觉得其中的辛苦，反而感觉乐在其中，于是人生的机会就出现了。

学会喜欢现在的工作，并且让它充满乐趣。一个人厌恶现在的工作是十分愚蠢的，这不仅容易使你失去晋升的机会，而且容易让你陷入生存的恐惧之中。在没有找到新的工作之前，你千万不要冲动地提出辞职，因为那是不明智的举动。工作是一个人谋生的手段，你没有任何收入，又依靠什么来养活自己和家人？不喜欢工作，不热爱工作，你就进入不了主流社会，那样你就会连发展的机会也没有。作为员工，无论如何要做到以下三点：一是要喜欢自己的工作；二是要与工作中的同伴友好相处；三是要努力去工作，有担当、有能力，并且要做出成绩来。所谓天才企业家，只不过是把别人喝咖啡、聊天的工夫都用来工作了。

爱迪生在谈及人生的成功时，认为"所有的一切都归于一边努力工作，一边又耐心地等待"。因此，他特别提醒人们，其实成功完全是自己可以把握的东西。不要厌烦自己的工作，否则你有可能失去许多发展的机会。机会往往就在自己的工作中，把握机会，才能有发展。世界上成功的机会的确不少，可是能够获得机会的人却很少，主要原因就在于许多人没有把握好自己，没有认识到本职工作的重要性。为什么许多有才能的人，因为没有机会或者没有把握机会，而终身没有什么成就？因为他们不是把工作作为求得自身发展的一种机会，而是把工作作为一种沉重的生活负担。

这个世界上，永远没有稳定的工作。想要获得良好的生存机会，并且得到长远的发展，首先就要学会忍耐工作中的各种困难。一个人的忍耐心有多大，他的本事就有多大。伟人之所以能够成为伟人，就是因为他能够忍受痛苦，忍受耻辱，忍受寂寞，忍受误解，忍受清贫，忍受烦恼，忍受失败，忍受悲哀，忍受批评，忍受诽谤，忍受无奈，忍受别人所不能忍受的东西。受辱而不惊，吃亏而不慌，大勇而深藏，是强者的风范；受辱而惊慌，吃亏而愤怒，聪明而外露，是弱者的表现。要在忍耐中学习，在忍耐中工作，在忍耐中思考，在忍耐中成长。

"世上并没有用来鼓励工作努力的赏赐，所有的赏赐都只是被用来奖励工作成果的。"只有喜欢工作，并且感觉到它是生命的一个重要组成部分，才会努力地去做好工作，而且能够在工作中不断寻找到人生的乐趣。现在从业而不敬业，那么明天就有可能会失业。即使工作再烦恼，环境再艰难，也得去冷静应对，要善于在烦恼中找到工作的欢乐。那种在工作中得过且过，做一天和尚撞一天钟的做法，不但会使工作毫无起色，相反还会使工作漏洞百出，于是就导致不能胜任工作的恶果，甚至有可能马上下岗。命运大多是由自己决定的，没有好的工作心态，肯定难以成功。做工作不要有讨价还价的心理，不要担心在工作中吃亏了。做人要大气、大度，做工作要认真、敬业。干工作不要害怕多付出，真所谓天道酬勤。

放下面子，去努力工作。人生苦短，能有几次折腾的时间和机遇？有折腾的时间，还不如去努力工作。有人天生喜欢瞎折腾，喜欢百般地"作"，似乎不折腾就显示不了自己的本领。放着现成的好好工作不干，偏要忙于去"跳槽"，全不顾年龄和水平如何，全不顾能力和性格如何，于是悲惨的命运就开始了。只有等到自己折腾到头破血流时，才会完全清醒和懊悔。年轻的时候，应该好好学习和掌握人生的成功法则，也应该好好学习和掌握人生的生存本领，这样才不会去瞎折腾。有时候清醒地发现，一个人折腾一圈还是回到原来的地方，其实这是何苦呢？！

张勇：人不管高低，一定要存善心行事

张勇是全国连锁餐厅"新荣记"的创始人，曾在一夜之间创造了"单城收获五颗米其林星"的奇迹。2020年春节期间，在新冠肺炎疫情的突袭下，全国餐饮行业都受到巨大冲击，张勇发给员工的一封内部信却引起了广泛关注。他在信中说：不关店、不裁员、不停薪。大家别慌，天不会塌，即使塌了，先压死的也是老板。

张勇的这封内部信极大地鼓舞了全体员工，但他自己却承受着巨大压力。新荣记旗下所有餐厅每个月的工资近2000万元、房租近1000万元，疫情不结束，只能往下熬。不少员工当面向张勇致谢，一个女孩还流下了感动的泪水。张勇说："我坚信，生意不管大小，一定要做良心生意；人不管高低，一定要存善心行事。"

工作态度决定你的命运

我的座右铭是：第一是诚实，第二是勤勉，第三是专心工作。

——戴尔·卡耐基

一个有真正大才能的人却在工作过程中感到最高度的快乐。

——歌德

商道榜样

2020 年 6 月 11 日，网易正式在香港上市，成为继阿里巴巴之后又一家在美国上市之后回港二次上市的互联网巨鳄。作为网易的创始人，丁磊表示在香港上市是网易全新的起点。

1971 年，丁磊出生于浙江宁波的一个知识分子家庭，他从小就喜欢无线电。但那个时候任谁也无法想象，这个男孩将来会成为市值超过 500 亿美元的互联网公司的掌门人。

1989 年，丁磊考入成都电子科技大学。在大学期间，他便展现出在电子科技方面的天赋和才能。毕业后，他在父母的安排下进入电信局，成为了技术工程师，捧到了让别人眼红的"铁饭碗"。然而，在丁磊眼中，这个"铁饭碗"完全限制了自己的梦想。

1995 年，在家人的强烈反对下，丁磊毅然辞职南下，去广州打工，开始了自己的追梦之旅。他勇敢迈出的第一步，也是他人生的分水岭。

从零开始，丁磊经历过背井离乡的各种辛酸和艰难，但始终没有放弃对梦想的追逐。1997 年，他开始自立门户，创办了一家名叫"网易"的公司，含义很简单——就是"让上网变得容易"。

1998 年，网易的日访问量突破 10 万人次，短短 4 个月的时间，广告销售便突破了 10 万美元。一年之后，这个数字翻了 7 倍。

从此以后，丁磊一直坚持的梦想起飞了，且飞得越来越高，直冲云霄。2000 年 6 月 30 日，丁磊带着网易在美国纳斯达克上市，网易也成为首批在美国上市的中概股。那一年，他刚刚 29 岁。

2002 年，网易股价接连暴涨，成为纳斯达克表现最抢眼的股票。到 2003 年 10 月，网易股价比历史低点攀升了 108 倍，年仅 32 岁的丁磊一跃成为中国内地首富，成为互联网行业的第一人，人们也由此称他为初代"互联网英雄"。

如今，这位"互联网英雄"带着他一手创办的网易来到一个新的起点，一段崭新的逐梦之旅也由此开启。

员工加油

据来自哈佛大学的一份研究报告表明："一个人如果得到一份工作，那么能不能做好，85% 取决于其工作的态度，只有 15% 取决于其智力和能力等因素。"所以说，工作成绩的好坏，主要取决于你的工作态度，而不是所谓的高学历、高水平和高技能。

有个名牌大学毕业的博士高材生，应聘到一家知名企业工作。可是，刚报到主管就分配他去做清洁卫生工作。这样他就面临艰难的选择，是干下去，还是马上离开？后来，他想通了，认为即便就是打扫卫生间，他也要做最出色的一名清洁工。实际上，这是总经理认为他各方面条件很不错，故意测试下他。结果，他的第一步就成功了。即使你是当总裁的料，也要从基层开始做起。

虽然我们没有什么优势，但是有积极的工作态度，有忍耐一切困难、克服所有挫折的勇气，有做好所有事情的决心，那么我们就一定能够在自己的工作岗位上取得成功。

厌烦你的工作是不幸的开始。即使你的工作环境一时很不如意，理想与现实有很大的差距，也不要产生消极心理，否则你会越来越烦恼，越来越痛苦，最后很难在社会中立足。

著名主持人敬一丹，原来在老家工作，生活安稳。但是她不想这样过一辈子。于是她在 29 岁时决定深造，30 岁考取研究生，33 岁走进了中央电视台，成为一名主持人，靠自己的学识和修养，积极的工作态度，赢得了观众的喜爱。

　　特别是新进单位，更不能事事看不惯，时时去抱怨。因为一般来说，公司对于每一个新进的员工，都是一视同仁的。无论你在学校或者原单位是多么的优秀，你到新单位都得重新开始，从零开始。比如你是一名大学生，却分配你去做收发的工作，你认为是大材小用，就抱怨领导，讨厌这份工作，于是工作就会马虎、草率、不认真。那么你文凭再高、成绩再好也没有用，因为你不好好工作的坏名声已传开了，这对你以后的成长非常不利。

　　许多时候，领导一开始分配你工作，就是在考验你，测试你，如果你毫无抱怨之心，踏踏实实做好自己分内的工作，那么下一个理想的工作岗位马上就是你的了。

　　我们要主动掌握自己的人生命运。尽管生命无常，灾难经常发生，人生充满许多不如意，但是有好多东西完全是我们可以把握的，比如自己对工作、生活的态度。世界上没有一个人会管理你的生命，更没有人可以延长你的时间。虽然在学校里有老师一时管着，比如督促你按时完成作业；虽然在单位里有领导一时管着，比如督促你按时完成工作任务。但是，这一切都是暂时的。真正能够管好自己的，还是你自己！

　　完全被人管理的人，永远没有什么大的出息，因为其人生始终是被动的。只有那些能够自我管理的人，才有大的出息，因为其人生始终是主动的。生命的控制权，在自己的手里，而不在别人的手里，要用积极的心态去做自己的主人。能够自己安排自己，能够自己管理自己的人，才会有良好的命运。

职场箴言

倪润峰：敢于"冒天下之大不韪"

倪润峰是四川长虹电器股份有限公司的董事长，在他执掌长虹期间，发动价格战是他最强悍的一招。1989年，为遏制市场抢购风，国家对每台彩电征收600元的特别消费税，原本火热的彩电市场迅速降温。就在这时，倪润峰做出了一个惊世骇俗的决定：每台长虹彩电降价350元，同时保证国家税收一分不少。这是中国家电业有史以来的第一次降价，消息如同一颗核弹在同行内部引爆，他们纷纷向有关部门投诉，一心要把长虹拉下马。

此后，通过接连几次价格战，长虹彩电迅速占领市场。1994年，长虹在上海证券交易所上市，其产量、利税连续多年在全国同行业中位居第一。就这样，倪润峰敢于"冒天下之大不韪"，虽然得罪了同行，却赢得了市场和消费者。

积极的工作态度让人更优秀

人生是一个永不停息的工厂，那里没有懒人的位置。工作吧！创造吧！

———罗曼·罗兰

有远大抱负的人不可忽略眼前的工作。

———欧里庇得斯

商道榜样

不同于传统控股集团、行业协会，少海汇以创新的"去中心化"生态圈模式，在短短三年多时间里搭建起了一个涵盖59家企业的智慧住居产业链平台。生态圈内各企业循环互补、共生共赢，汇聚资源实现指数级发展。2019年，少海汇入选全球独角兽企业500强。

尤其是在2020年的新冠疫情中，少海汇生态圈内的众多企业齐心协力，在方舱医院建设、复工复产、企业扶持等各个层面凸显了协同作战的优势。在这场与病毒的赛跑中，比如海骊带来了一场"技术革命"，它采用行业最前沿的装配式技术，将一套整体卫浴安装时间压缩至 4 小时之内，为抗疫前线赢得了宝贵的救援时间，助力救援快速展开。当然，海骊并不是一家企业在战斗，少海汇成员企业海尔全屋、海尔家居、普集卫浴、秦恒建设等都在抗击疫情一线，纷纷参与其中。

少海汇生态圈采用合伙人管理制，核心企业海尔家居、海骊、有住控股、有屋家居、克路德机器人等由合伙人直接管理，秦恒建设等投资参股企业合伙人对其有重大影响。此外，生态圈还包括普集卫浴等有股权关系的企业、合作伙伴等。

在生态圈内，各企业循环互补、共生共赢，通过整合资源，不仅产生了物理聚集所带来的加法效应，还通过要素间最大化地互动与融合产生了乘法效应。

2017 年，创始合伙人李丕因为"去中心化"的管理模式获得《哈佛商业评论》拉姆·查兰管理实践奖，拿到了中国管理实践的最高荣誉。

2019 年，少海汇生态圈先后入选 2019 年度国家中小企业公共服务示范平台名单、2019 年度国家级科技企业孵化器，在科创资源聚集能力、服务能力、孵化能力等方面已遥遥领先，成为业内标杆。截至 2019 年，少海汇成员企业总数 59 家，智能家居零售终端 2100 余家，核心企业年产值 200 亿元。

员工加油

美国前国务卿赖斯，短短 20 年时间，从备受歧视转而成为受人尊敬的人，其经历很有传奇色彩。她牢记父母的话："改善黑人状况的最好办法就是取得非凡的成就，如果你拿出双倍的劲头往前冲，或许能赶上白人的一半；如果你愿意付出 4 倍的辛劳，就得以跟白人并驾齐驱；如果你愿意付出 8 倍的辛劳，就一定能赶在白人前头。"于是她发奋学习，不断积累知识，迅速增长才干，在职场中脱颖而出。

我们应该向赖斯学习，付出"8 倍的辛劳"，依靠积极的工作态度来取胜。如果身处逆境，时常埋怨生存环境不好，或者为受到不公平待遇所烦，那是怨天尤人，对自己很不利。"人生在世，我们都渴望建功立业，也希望参与公平竞争，但事实是世界上真正的公平竞争很少，总有这样那样的不公平因素。"因此，努力工作是最好的选择。

成功来自勤奋、刻苦的工作态度。有一个三十出头、年轻的大学教授曾经说："我能够评上教授，完全依靠我的刻苦努力，依靠每天艰苦的工作，而不是我的海外留学背景。"学校负责实验室保安工作的小伙子知道他评上教授后，称许道："我早知道他能够当上教授。他是化学专业的，每天离不开实验室。我在晚上或者周末值班时，总是看到他的实验室亮着灯，而且很晚才熄灭，而别人从来不这样。他能成为教授，一点都不奇怪。他博士生毕业不久，刚到这所大学工作时，我就认识了他。他很朴实，并且进门时经常微笑着问候我。"

无论是工作上的技能，还是在本领上表现出的天分，都不是天生的，而是靠自己刻苦努力获得的。时常勉励自己，不断努力工作，总会有好的成果。

贾柯·瑞斯说："当一切似乎毫无希望时，我看着切石工人在他的石头上，敲击了上百次，而不见任何裂痕出现。但在第101次时，石头被劈成两半。我体会到，并非那一击，而是前面的敲打使它裂开。"良好的工作态度是我们成功的资本所在，它不但使我们获得生存的机会，而且能够激发一个人的潜能。一个人虽然拥有高学历，又有充沛的体力和精力，但若没有良好的工作态度，一样不能获得成功。因为这些人不懂得如何珍惜和利用那些宝贵的资源。

珍惜岗位，努力去工作吧！一旦明天你哭泣着去找工作，就会明白这个忠告。大自然是无情的，遵循优胜劣汰的规则，许多时候社会也是无情的，你用什么样的态度生活和工作，就会有什么样的生活状态和工作结果。一个人生存状态的好坏，其实大多是人生态度在起作用，任何理由都只是借口。

人生的路靠自己好好走，没有人会为你负责，你只能自己为自己负责。离开良好的工作态度，实际上就等于钻进了人生的死胡同。

山姆·沃尔顿：请对顾客露出你的八颗牙

山姆·沃尔顿是世界零售巨头沃尔玛的创始人，他有一句名言："请对顾客露出你的八颗牙。"在山姆看来，只有微笑到露出八颗牙的程度，才称得上是合格的"微笑服务"。

"让顾客满意"是沃尔玛公司的首要目标。山姆·沃尔顿经常教导员工："当顾客走到距离你 10 英尺的范围内时，你要温和地看着顾客的眼睛，鼓励他向你咨询和求助。"这一条被概括为"10 英尺态度"，成为沃尔玛的员工准则。此外，沃尔玛企业文化中"不要把今天的工作拖到明天""永远提供超出顾客预期的服务"等规则，已经写入美国的营销教科书。

苦想没盼头，苦干有奔头

其实地上本没有路，走的人多了，也便成了路。

——鲁迅

只有经过长时间完成其发展的艰苦工作，并长期埋头沉浸于其中的任务，方可望有所成就。

——黑格尔

商道榜样

一个企业要想快速发展，有没有切实有效的经验可供参考？面对发展困境，有没有独特的思路和解决方案？答案是掷地有声的"当然有"。

北京盈余云朵管理咨询有限公司，就是一家专门为企业发展而成立的企业。用心"为他人作嫁衣"，让一个个企业由小到大、由弱到强，切实解决企业正面临的问题，指出企业需要改进的地方，帮助企业更好地成长，是盈余云朵一直在做的事情。

比如，在一个企业庞杂的组织内部，如何实现部门之间的无缝对接？不同部门之间如何交流，如何协调，进而配合默契，实现完美对接，达到跨部门的协作共赢？盈余云朵为此制定了"跨部门沟通与合作"课程，旨在帮助企业领导和员工掌握跨部门沟通的技巧，实现企业内部不同部门间的默契合作，达成完美对接，为企业创造更高的价值。

再比如，企业管理者如何辅导下属？绩效管理如何制定？客户体验如何提升？每一个问题，都指向盈余云朵近年来在不懈追求的价值。

依托中欧国际工商学院、北京大学心理学系和北京大学汇丰商学院的丰富资源，与国际顶级专家保持着密切合作，再加上充分发挥公司核心团队自身的实战经验和丰富的咨询、操作经验，是盈余云朵能够持续获得业界好评的重要因素。

每一棵大树都是从幼苗诞生的，每一家企业也都需要健康成长。盈余云朵的梦想，便是用心呵护自己服务的每一家企业。

员工加油

使人强大的，是你卓越的工作态度。"要正直地生活，别想入非非！要诚实地工作，才能前程远大。"工作既是谋生的一种手段，也是让人获得幸福的主要源泉。用消极的态度工作，只能使自己更加无奈、无能，沦为社会的低能儿。你越是厌烦工作，就越会感觉这份工作苦闷乏味，最后就越没有好心情去工作，结果伤害最大的还是自己，因为你已经成为了一个无用的人。

积极的工作态度，会使人更优秀，更能干，更强大。当一个人成为社会群体中不可或缺的一部分时，就证明这个人成功了。而当一个人变成社会群体中可有可无的人时，表明其人生是失败的。即使面对再差的工作，你也不要心生厌烦之情。换个方式，以积极心态去努力工作，干出名堂来，你才会获得人们的尊重。

对工作不尊敬，首先就是对自己的不尊敬。一个人努力工作，掌握方法，使自己成为单位里不可或缺的人，那么就会逐渐变得强大，获得幸福和快乐，拥有美好的生活。

"要为自己创造一个快乐的生命其实很简单，你只需要两种材料：一种简单的生活方式和一颗满足感恩的心。过一种简简单单的生活，做一个实实在在的人。快乐的秘密不过如此而已。与其对不能得到的欲求耿耿于怀，倒不如对你已经拥有的满足感恩。"你用积极的心态努力工作，你就会快乐、充实；你用感恩的心态努力去工作，你就会幸福满足。

积极工作造就积极人生，消极工作导致消极人生。"销售世界上第一号的产品，不是汽车，而是自己。在你成功地把自己推销给别人之前，你必须百分之百地把自己推销给自己。"改变人生态度，努力做好工作，你就会变得越来越强大。相反，如果你消极怠工，经常抱怨工作环境，你的生活将暗无天日。有一次舆论测验，问的是"你认为一辈子最重要、最幸福的事情是什么"。许多人认为能够做自己喜欢的工作，并且能够从中挣钱，这是人生最重要、最幸福的事情。可是，人的一生中有多少时间是在从事自己喜欢的工作？恐怕不是很多。好多人都在烦恼地做自己不喜欢的工作，这是人生痛苦的根源之一。

如果你改变不了工作的现实，那么你就得去学着改变自己工作的态度。所以，能够做好自己不愿意做的事情，这是生存的策略，更是人生的智慧。这个世界，这个工作，这个岗位，不是为了你一个人而准备的。既然你已经负责这个岗位，就要努力地把这份工作做好，这也是一种对人生负责的态度。

我们只能去适应这个世界、这个工作环境，而不是让社会来适应你。一个人再有本领，再有大学问，也不要去做不自量力的事情。

从一个人的工作态度可见其人格。美国学者莫尔腾先生在谈工作态度的重要性时说，"检验人的品质有一个最简单的标准，那就是看他工作时所具备的精神和态度。工作是一个人人格的表现，是'真我'的外部写真。看到一个人所做的工作，就'如见其人'。"

工作是人生重要的一部分，工作态度不好，会严重影响生活。一个人在工作中经常三心二意，偷懒耍滑，马马虎虎，根本不思进取，那么其人格肯定是低下的，其为人处世一定是糟糕的。反过来说，一个人在工作中勤勤恳恳，任劳任怨、不计较个人得失，那么其人格肯定是高尚的，其为人处世的能力一定是强的。

你的工作态度，决定了你的工作成就；你的工作态度，决定了你的职场高度。端正你的工作态度，你会收获许多东西。工作态度是一面镜子，能够照出一个人的内心世界，可以反映一个人的精神面貌和思想品德。同时，工作态度也是衡量一个人生存环境的标准。

比尔·盖茨：战略思维让你更胜一筹

作为世界财富的第一人，比尔·盖茨的成功有着多方面的因素，比如家庭的助力、个人的智慧和敢于冒险的精神，等等。除此之外，还有一点被他本人多次提及，同时从他个人发展的轨迹上也能够彰显出来，那便是他的战略思维。

比尔·盖茨有着超乎常人的战略思维，他只做技术领先的电脑软件，让那些做电脑硬件的厂商都不得不跟随他的步伐。这种策略，一直是微软能够领先业界的重要因素。当你与别人在其他方面的能力相差无几的时候，拥有更胜一筹的战略布局，往往就是你取得最后胜利的关键。

微笑面对同事，微笑面对工作

凡事总要有信心，老想着"行"。要是做一件事，先就担心着"怕咱不行吧"，那你就没有勇气了。

——盖叫天

我要微笑着面对整个世界，当我微笑的时候全世界都在对我笑。

——乔吉拉德

商道榜样

观唐温泉位于山东省临沂市的千年温泉古镇汤头，由临沂佳和房地产开发公司投资 3.2 亿元开发，用地近 200 亩，建筑面积达 10 万平方米，是一个承载着浑厚文化底蕴的休闲度假项目。我们可以从《观唐温泉赋》中感受其美好：

"沂州城东北，约六十华里，有千年古镇曰汤头。镇因古汤而得名，汤因古镇而盛扬。孔夫子沐浴之地，温水侯大治之乡。阳都孔明，琅琊右军，幼时徜祥，他年怀想。

《水经》古注叙汤事，经幢刻石话沧桑。英伦《百科》有记载，沂州府志镌文章。着'温泉之城'国冠，披'沂水春风'霓裳。汤头温泉，华夏头汤。汤头福地，德善四方。

"丁酉初春，观唐跃世，古汤文脉，秉承千年，沐汤文化，焕发荣光。翘阁飞檐，黛瓦白墙。古树连荫，幽硐跌宕。万人浴汤写盛景，天地人和奏华章。诚为度假之乐园，疗养之天堂。

"千年古汤，高热矿泉，可浴可饮，天下难双。浴观唐，八十汤，或名花，或丽人，汤池不同，功效有异，养生保健，难以尽言。于是天下八方，游客盈门。俊男靓女，凌波微步，水滑凝脂。黄发垂髫，熙攘兴发，恣美天伦。更有宾舍三百余间，中式风韵，华而不奢，会议中心八处，大者可容千人。乐享温水侯官府盛宴，闲品观唐汤味之鲜，金樽清酒，玉盘珍馐，真味至味，其在观唐乎？

"故曰：不慕天池鸟，甘做温泉人。常浴观唐，可避寒暑，可消疲劳，可养心性，养颜健体，砥砺精神。明人舒祥有诗曰：'汤山山下涌汤泉，溅喷珠玑颗颗圆。'

"嗟夫！观唐一游，始叹人生终无悔；百沐千浴，自然寿比南山，福如东海。汤头温泉，华夏头汤；千年古汤，今生观唐。"

✈ 员工加油

　　一般来说，人们对于自己不愿意做的事情，通常是采取那种最消极的态度，要么是愤怒地不去做，要么是痛苦地推诿、拖拉、敷衍了事。实际上，无论是哪一种情况，都会给个人和工作带来巨大的损失。特别是一些年轻人还应该克服好高骛远的浮躁态度，踏踏实实工作。

　　除了懒惰以外，人们经常不愿意做的事情，通常是"那些自认为不擅长的事，或者不喜欢的事，所以一个人时常心里发怵"。其实，在很多情况下，这是大家处于自我认知的误区。只要去做，就会简单。不去做，肯定复杂，肯定害怕。问题和困难多是在做的过程中解决的。

　　采取积极的工作态度，即使一开始面对不喜欢的工作，在做的过程中，也要让自己逐渐地喜欢上，并且干出成绩来。而采取消极的工作态度，就算工作环境很好，自己也会厌烦，并且不能胜任。

　　不要让人生后悔。不久前，比利时的一家杂志，曾经就以"你一生中最后悔的事情是什么"为题，对全国 60 岁以上的老人进行了一次专题的调查。大约有 72% 的老人认为，最后悔的事情是自己在年轻时心浮气躁，工作态度不够积极，没有奋发努力，等到自己明白过来，为时已晚，以致后来事业无成。

　　人的一生，年轻时，不要害怕，应该努力奋斗，这样老年时就不至于懊悔。那种对于工作经常挑三拣四，不是这个不顺眼，就是那个不如意的人，几年下来，人也累了，心也烦了，名也坏了，再想做什么事情，就非常困难了。人生苦短，一生就可能这么平淡地过去了。

年轻时的懊悔，还有时间去改正。等到老年时再懊悔，根本没有时间去改正。那才是人生最悲惨的事情。因为工作态度不好，而荒废人生的，应该及早反省悟。

尽管工作是烦恼的，困难是不少的，可是实际上最好的生存技能，就是良好的工作态度。一个人拥有高学历固然重要，但是如果没有良好的工作态度，一样会遭遇人生的失败。用微笑去面对自己的同事，用积极的态度去工作，这是最好的生存法则。

微笑能够获得别人的好感。对于每一个你遇到的人，你都能够微笑相迎，那么大家都会慢慢喜欢你。积极的工作态度不但为自己赢得生存的空间，而且会一次次让别人刮目相看。一个人最好的成长方法，就是去努力工作，积极向上。

不管你不喜欢你的工作环境以及你的同事，这些总是客观存在的事实。只有改变自己的态度，变不喜欢为喜欢，才会热爱工作，发现同事的优点和长处，积极融入团队。

积极的工作态度会让你更杰出。人生的成功往往有两种概念："一种是偶然灿烂的成功，一种是习惯于成功的成功，也就是积极态度的成功。"有报道说："一个日本人在冰窖里生活了一年，于是被人们视为奇迹和英雄。"殊不知因纽特人要在冰窖里生活一辈子，人们却习以为常。我们赞美新西兰人希拉力第一个成功地登顶珠峰的成就，感觉他伟大，为他骄傲。但是我们却忽视了那个向导，正是他帮助了希拉力，在攀登珠峰过程中他被希拉力视为灵魂和寄托。可是，登顶珠峰对于那个向导来说只是一个工作，为了谋生的一份工作。

同样道理，人最难的是一辈子都用积极的态度去工作。真正强大的力量，往往就在你身上，只是我们熟视无睹而已，那就是人生正向的态度。有付出必有回报，你积极的工作态度，肯定能得到丰厚的报酬。

邵逸夫：为国为民才是最终理想

提到邵逸夫，人们第一个想到的可能并不是香港富豪的身份，而是他做过的慈善。事实上，邵逸夫并不是香港最有钱的人，但他却是香港富豪中屈指可数的大慈善家。他在香港的影响力源自于他的影视王国，而他在内地的口碑则主要是因为他的慈善捐赠。在中国各地矗立着的近三万座"逸夫楼"，就是最好的功德碑。

邵逸夫一直用他的行动告诉世人，所谓财富，只是通往成功之路的第一级台阶，为国为民才是最终理想。一个人只有将国家和社会始终放在第一位，他所有的努力和付出才更有价值。这不仅仅体现了中华民族的传统美德，更体现了人生的至高境界。

做大不如先做好

我们醒来的每一天都是一个新的开始，又一个机遇。为什么要把时间浪费在自怜、懒散、自私上呢？

——卡西·拜特

生活的悲剧不在于人们受多少苦，而在于人们错过了什么。

——卡莱尔

商道榜样

提到"思念"，我们想到的肯定不只是一个词语，还有一个品牌。

1990 年，思念创始人李伟从河南大学新闻系毕业。此后长达 6 年的时间里，他换过很多工作，做过公务员、记者，甚至还开过电子游戏厅，却始终找不到合适的方向。

一个偶然的机会，李伟拿到了一个品牌代理权，拥有了 5 辆冷冻车和 1 个 1000 多平方米的冷库，这让他赚到了人生的第一桶金，并从此与冷冻生意结上缘。不久之后，他创立了新公司，开始进军汤圆市场，并为企业取名"思念"，寓意团团圆圆。

思念创立初期，只立足郑州市场，但春节期间一个月的销售流水便达到 60 万元。很快，李伟决定进军全国，并针对不同地区研制不同的汤圆配方。不久后的 1997 年，思念全年营业额突破 1000 万元。

局面大好并没有让李伟停下发展和突破的脚步，新闻专业出身的他，意识到品牌建设和广告效应的重要性。1999 年至 2000 年，李伟找到当时在全国走红的明星担任代言人，并花了 100 多万元制作广告片，其后又花费 300 多万元广告费在中央电视台综合频道播出广告片。事实证明，李伟的一系列举措是成功的，思念很快跻身全国名牌产品之列。

2006 年，思念在新加坡上市，市值一度超过 45 亿元人民币。思念也逐渐发展成为一家年销售额超过 10 亿元、员工超过 2.5 万人、年销售增长曾一度超过 100% 的食品公司。如今，思念有 200 多个花色品种，国内市场占有率在 20% 以上，思念品牌的汤圆、饺子均获得"中国名牌"称号。

思念一直强调"思连千家，念及万户"的社会责任感，这也正是小小的汤圆和饺子所承载的情感温度和社会价值。

⌦ 员工加油

想做大事情，这是一种好的愿望，它完全可以被理解。但是这种欲望如果没有得到正确的引导，人生就容易走上岔路。许多人刚走上社会时，心气很高，对自己定位很不明确，认为自己有知识、有能力做大事情，甚至觉得自己就是救世主，是来解决社会大问题的。许多时候这种不切实际的想法，往往导致一个人在社会上总是碰得头破血流，甚至有时候会使自己的生存都变得困难。

人们总是喜欢高估自己，认为自己多么了不起，实际上这种想法会害了自己。只想做大事，就容易忽略工作中的小事，没有以做好本职工作作为基础，那么人生的根本就没有了。所以，不管在哪里，我们的工作态度一定要端正。

做大事都是从做好小事开始的，倘若小的本职工作都做不好，那么以后怎么去成就大事业？重要的不是自己能不能做大事业，而是自己能不能事事都做好。有人大学一毕业就有做大事业的梦想，但是20年来一直以"跳来跳去"的状态工作，到最后一事无成。

我们首先要做好自己的本职工作，这种积极的态度会引导自己走向成功的道路。好员工不一定是高学历的，但必然是踏实勤奋、正直可靠、"逆商"高的，虽屡战屡败，但还是越战越勇。

菲律宾前总统阿罗约，小时候被人疏远，然而她从不自暴自弃，而是努力学习，积极参加学校的各项活动，凭借自己的努力和勇气取得了去国外深造的机会。

获得博士学位后不久，她就当上了政府部门的高级职员。"每逢开会，她总是毫不留情地针砭时弊。同事们好心地劝阻她，让她不要招惹是非，她却特立独行，保持自己的作风：三分之二的精力来做事，三分之一的精力来冒险。"

她因在国家非常时期大胆提出一揽子改革建议，成为人民拥护的改革带头人，而当选为总统。大家被她的勇气、胆量和冒险精神所折服。

在遇到人生的低谷和工作上的困难时，人们通常会表现出两种态度，一种是积极的态度，另外一种是消极的态度。前者让你获得人生的成功，后者却可能使你的人生不幸。

我们应该从积极的思想出发，去做好事情。钢铁大王卡内基深知成功的重要性，希望开发成功学，可是他忙于自己的工作，不能一心二用。于是就委托拿破仑·希尔去创建成功学，并送给他一句鼓励的话："安德鲁·卡内基，我这一生要向你挑战，不仅要向你看齐，我还要在历史舞台的跑道上超过你。"

一开始每当希尔默念那几句话时，他都觉得自己是在自欺欺人。慢慢地，希尔用积极心态去想："卡内基选中自己必定是看中了自己的潜质。"他渐渐觉得追赶卡内基的目标并非遥不可及。20年后，希尔果真完成了卡内基的使命，尽管他不及卡内基富有，但是他在励志教育上产生的对世界的影响远远超过了卡内基。

"心理学认为行为创造感情，你持续不断地重复一个动作，这个动作就会成为习惯，并最终成为身体的一部分。经常重复某种思想，岁月的积累会使它渗入到潜意识里，从而改变你的行为。"

盲目想做大事业，但困难多，条件不成熟，就很容易失败，让人产生气馁的情绪。而做好每一件事情，即使是小事情，做成了之后也会让人心生喜悦。这样积极的工作反馈，就会让人看到人生的希望。一粒种子里面有什么？态度消极的人看到的只是悲观的结果，而态度积极的人看到的却是乐观的结果。在《平凡世界的卓越人生》一书中，罗伯特·舒勒写道："任何傻瓜都能数出一个苹果有多少粒种子，然而只有神才知道一粒种子里有多少个苹果。"

2020年春天，联合国秘书长青年特使办公室在联合国网站推荐了全球10位年轻人参与抗疫的故事——中国的雨衣妹妹刘仙也在其中，因她千里逆行为医护人员做饭。在武汉，由于餐饮行业陆续歇业，前线长时间、高强度工作的医护工作者们难以吃上温热的家常饭菜。了解此情况后，24岁的刘仙不顾自身危险，奔赴前线为医护工作者们烹饪可口菜肴。

以积极的态度去工作，就会看到人生的希望，就能够获得幸福的结果。任何时候我们都要充满希望，用热情和勇气去积极努力地工作。

阿迪·达斯勒：做到极致

作为阿迪达斯的品牌创始人，阿迪·达斯勒不像个企业家，而是更像一个科学家，因为他一直秉持的人生格言是：做一件事要做到极致。他一生都在致力于做一双完美的运动鞋，并把它做到极致。就在这样的指引下，阿迪达斯走向了世界。

直到今天，无论你去往世界上哪一个国家，无论是在晨练的普通人还是在参加竞技比赛的运动员身上，都能看到阿迪达斯品牌的形象——胜利的三条线。它代表着阿迪达斯秉持的"更高、更快、更强"的体育精神，而这一点，与阿迪·达斯勒一生的追求恰好不谋而合。他用自己的人生经历告诉我们，只要把一件事做到极致，你就能收获想要的成功。

发掘自己的潜能

人生的道路都是由心来描绘的。所以，无论自己处于多么严酷的境遇之中，心头都不应为悲观的思想所萦绕。

——稻盛和夫

开朗的性格不仅可以使自己经常保持心情的愉快，还可以感染你周围的人们，使他们也觉得人生充满了和谐与光明。

——罗曼·罗兰

商道榜样

　　王息辰，濮阳市盛源集团创始人、董事长。1975 年出生于河南省范县，中共党员。1990 年，年仅 15 岁的他抱着从军报国的远大志向，在部队虽是一名卫生员，服役期间，两次荣立个人三等功，多次被评为"优秀士兵"。

　　2003 年转业退伍后，他胸怀大志，敢闯敢试，自力更生，艰苦奋斗，积极投身创新创业改革发展大潮。他把"诚信做人，诚信做事"作为座右铭，用 3.8 万元的转业费起步创业，商海拼搏 14 年，历经无数艰难险阻带领企业最终发展成为总资产 25 亿元、年产值 30 亿元，集生产与研发为一体的现代新材料集团。

作为企业的掌舵人，他在谨慎决策中大胆想象并把构想转化为现实。为开拓国际视野，引进创新管理理念，王息辰于 2015 年进入中欧国际工商学院 EMBA 专业学习深造。凭借实干精神与前沿的战略眼光，他引领企业实现了跨越式发展并创造了多个第一：国内第一家聚碳酸酯生产民营企业，国内第一大非光气单体装置，当地第一家挂牌上市的企业。

他还先后获得全国优秀退役军人、河南省第四届优秀复转军人、河南省五一劳动奖章、河南省第四届优秀中国特色社会主义事业建设者等多项荣誉，被评为濮阳市首届功勋民营企业家、濮阳市捐资助学爱心人士。

✈ 员工加油

自己就是富裕的金矿，我们应积极发掘自己的潜能。经过研究，有人发现："每个人的行走姿势各不相同，从走路可以看出人的性情和能力。"

"比如缺乏自信，生活漫无目标的人，其步伐细碎、轻飘，且小心翼翼；比如懒散内向的人，其行走时的步伐黏滞，甚至埋头，目不斜视；比如性情活泼的人，则喜顾盼，好奇于新事物。"

"比如有人走路时喜欢抄手，有人喜欢背手；有人举步维艰，却胸有成竹，有人挺胸腆肚，却实为草包。"这些细心的观察和揣摩，让我们的生活充满乐趣。

工作也是一样，你充满热情，认真工作，就会发现工作的乐趣，就能够取得好的工作成绩。如果你消极工作，厌烦工作，那么最后就只会剩下对工作的烦恼之情。

一个人除非自己有信心，否则不能带给别人信心，自己信服的人，方能让别人信服。"我能够成功！我能胜任！"我们应善于用良性的心理暗示。一个跳高教练，在训练中发现了一个颇具运动天赋的男孩。经过他的悉心教导，男孩的跳高成绩在三个月里就飙升了20多厘米，达到了1.89米，离破过去的纪录1.90米仅有1厘米的差距。但是，这看似很短的1厘米，却成了他难以逾越的鸿沟。不管教练采用什么办法，那男孩的成绩仍然提高不上去。

后来，教练想出了一个好办法。那天训练一开始，竿高就一步步升到1.86米，当男孩轻松跳过以后，教练就直接将竿升到1.90米，而不是平常的1.88米。当男孩第一次试跳失败时，教练愤怒地大声呵斥："怎么连1米88都跳不过？"结果，男孩第二次居然一跃而过。原来，心理作用有时会让你超越生理上的限制。男孩能够如愿地打破过去的跳高纪录，还是积极的心理作用发挥了重要的影响。

这些年，我越来越觉得，越是心态阳光、有正能量的人，越会有好运。越自卑越没人看得起，越自怨自艾越让人讨厌，越想跟别人吐苦水，越没人想听。正能量的人，积极向上，热爱自己，热爱生活。

职场箴言

亨利·福特：物美价廉是永远的制胜法宝

作为福特汽车的创始人，亨利·福特被人称为改变20世纪的汽车大王。在他的创业理念中，"物美价廉"一直是他追求的重要的制胜法宝。

20世纪初，福特设计出平民汽车图纸，并给工程师画出一条红线——造价不能超过1000美元。1908年9月27日，福特"T"型车由此诞生。"T"型车的起初售价是850美元，而同期与之竞争的车型售价通常为2000至3000美元。到了20世纪20年代，由于生产效率的提高和产能的扩大，价格已降至300美元。当时，福特的宣传口号就是：1天1美元，让你买汽车。"T"型车以其低廉的价格，让汽车作为一种实用工具走入了寻常百姓之家，美国亦自此成为了"车轮上的国度"。

良好的工作态度就是"可口可乐"

心态若改变，态度跟着改变；态度改变，习惯跟着改变；习惯改变，性格跟着改变；性格改变，人生就跟着改变。

——马斯洛

态度决定成败，无论情况好坏，都要抱着积极的态度，莫让沮丧取代热心。生命可以价值极高，也可以一无是处，随你怎么去选择。

——吉格斯

商道榜样

刘丰梅是中国研究型医院学会移动医疗专业委员会副主任委员兼秘书长，也是中关村华医移动医疗技术创新研究院秘书长。中关村华医移动医疗技术创新研究院是刘丰梅 2015 年 1 月发起并创办的北京首家以移动医疗命名的研究院，其主要职责就是借助移动互联技术，围绕"让医疗资源下沉"等问题，探索"让百姓不出村、不出户，享受上级医疗资源"等便民服务，助力分级诊疗。

五年来，刘丰梅为了探索该健康扶贫模式，卖掉了房子和汽车，将全部心血都投入到这一事业中。她带领团队调研走访了 15 个省，200 多个市、县、乡村，召开座谈会 100 多场，并主编出版了《中国医疗联合体建设与健康扶贫蓝皮书》。同时，她带领团队艰苦探索，率先研发出科研成果——华医云健康扶贫智慧分级诊疗平台，实现了"基层检查、上级诊断、高端会诊""信息多跑路，百姓少跑路"的目标。

目前，刘丰梅带领团队已促成该项目在 7 个省落地扎根，实现 2000 多家医疗机构互联互通，线上免费诊断、会诊病历资料 100 多万份，覆盖 1 亿多人，群众节省看病费用总计 6000 万元，年平均节约基层医师配置费 2280 万元。她同时不断组织开展线下免费义诊、体检活动，又开展线上远程或者线下的医生培训。她所做的一切，都是为了有效遏制因病致贫、因病返贫等情况的发生。

一路走来，刘丰梅没有什么豪言壮语，有的只是心中对"老少边穷的健康扶贫"的神圣责任，有的只是一心帮扶的坚定信念。几年来，她为健康扶贫事业执着不已，以实际行动践行着对医疗事业的忠诚。

✈ 员工加油

工作的门槛一旦迈进去，就需要认真对待。有的人在职场很轻松，而有的人在职场很痛苦。有的人在工作时心情愉快，进步飞速，而有的人却为工作烦恼，总是止步不前。是什么原因导致不同的结果呢？主要还是因为工作态度的不同。

良好的工作态度，是一个人身上的美德，它犹如怒放的鲜花让人喜欢。假如你对于工作、生活和人生都报以微笑的态度，那么生命中的一切都是"可口可乐"；假如你对于工作、生活和人生都是厌烦的，那么生命中的一切都像苦药水。

傲慢的工作态度并不会令你得到他人的尊敬，谦卑的工作态度则会使你得到他人的尊重。透过批评的眼睛看工作环境，那么到处充满了有缺陷过失的同事；透过傲慢的眼睛看同事，那么这世界充满了低贱愚痴的人；透过智慧的眼睛看同事，你会发现原来每一个人都有值得你尊重及学习的地方。热情工作吧，这不但是生存的需要，更是实现人生理想和取得事业成功的需要。热爱工作，你就能够发现工作的美好之处，而厌烦工作，只能带来人生的不快。

好的工作态度能够成就伟业。有个亿万富翁在创业时一无所有，那时他租赁了一家濒临破产的建筑公司，之后又接手了一个只亏不赚的建筑项目。虽然这个项目让他亏本逾 8 万元，但是他却倾尽全力，"在工时缩短一半的情况下，干出了各项指标都是一流的优质项目。"

世上没有一份工作不辛苦，任何一份工作都需要你去努力，去付出。这个成功的企业家说："我的辛勤付出使我在建筑行业中赢得了信誉，此后源源不断的合同项目，使我成为一代富豪。尽管一开始亏了 8 万元，后来因为良好的声誉却赚进了 100 多个亿。"这就是积极的工作态度散发的魅力！它能够使一个人从平凡变成不平凡，从贫困变得富裕。

有人说信念决定人生的高度，但在我看来许多时候是良好的工作态度决定人生的高度，职场上仅有信念是不够的，还需要积极的工作态度。从走上社会起，我们就需要知道自己从事的工作最需要的是什么，在我看来，员工最需要的是良好的工作态度。用心工作，用心学习，用心对待，当积淀的东西越来越多，成功就自然水到渠成。

如果把工作态度比为一面镜子，那么不佳的工作态度就是一面魔镜，既伤害别人，又伤害自己。工作中有许多机会，良好的工作态度会使你不断地遇到幸运女神，获得事业成功的机会。其实，幸运女神最害怕一个人差劲的工作态度，她会远离这些消极的人，使其终身不能获得事业成功的机会。

麦肯锡一位高级管理者说："在职场上，所谓能力的问题，全都是态度问题。"种瓜得瓜，种豆得豆，敷衍工作，敷衍他人，其实是自欺欺人，是在敷衍自己。你在每天工作中表现出来的态度决定着你的未来。机会的幸运女神一直跟随着你，时刻观察着你是一个什么样的人。有位哲人曾经说过："你的心态就是你真正的主人。"这个世界虽然很残酷，有时候努力也不一定有结果，可是不努力工作，那就一定没结果。

工作的态度有时意味着效率和金钱。更重要的是，"一个人对于工作的态度，有时候不仅决定了其工作的效率和质量，而且也决定了其自身将来的命运。"有人对于工作认真负责，勤奋、勤勉又勤恳，用心敬业且不计较个人得失，于是在工作上不断出成绩，在事业上不断进步。有人马虎应付工作，得过且过，不用心、不敬业并且斤斤计较个人得失，那就谈不上什么事业。

我曾经问一个在饮食行业取得巨大成功的企业家："你为什么能够获得这么大的成功？"他说："我们什么也没有，除了服务态度以外，真的没有什么。论规模和资金比不上其他企业。所以，只能在员工的工作态度上去做文章，用服务质量来取得胜利。"

想要成功，想要出人头地，首先应该有良好的工作态度。一个人能力再强，学历再高，如果没有良好的工作态度作为基础，那么他的人生大厦也不会稳固。

员工！
加油！

任正非：要有军人作风，直奔目标，敢打敢拼

任正非是军人出身，他熟读西方经典军事理论著作《战争论》，书中有一句著名的话："要在茫茫的黑暗中，发出生命的微光，带领着队伍走向胜利。"这句话也是任正非带领华为一路走来的真实写照。

任正非不仅有军人敢打敢拼的精神，还始终把在部队里学来的军事作战理念完美地运用到商业活动中。华为创业初期，任正非凭借一股拼劲，带领团队挺过生死考验，研制出自有的数字交换机，一举打破国外的技术壁垒和市场垄断。后来，华为又采用"农村包围城市"的战略，不断"蚕食"国际竞争对手的市场份额，逐步成为全球电信行业的领军企业。从任正非身上，我们可以看到，在事业上要有军人作风，直奔目标，敢打敢拼，才能取得最后的胜利。

别以为有优势就可以不努力

当生活像一首歌那样轻快流畅时，笑口常开乃易事；而在一切事都不妙时仍能微笑的人，才活得有价值。

——威尔·科克斯

只管走过去，不必逗留着去采了花朵来保存，因为一路上，花朵会继续开放的。

——泰戈尔

🧳 商道榜样

她率领 15 人的创业团队起家，华丽嬗变为拥有 1 万多名员工的国际化企业的掌舵者；她缔造的企业集团，从行业追随者到挑战者，从"地上"到"天上"，从中国到全球，成为大交通领域先进制造业的全球领跑者。她见证了一个时代的风云变幻，立志为中国制造向中国创造的转变提供样板。她，就是万丰奥特控股集团创始人、党委书记、董事局主席陈爱莲。

陈爱莲，1958年出生于浙江新昌，复旦大学工商管理硕士、北京师范大学经济学博士，高级经济师。中共十七大代表、十二届全国人大代表等。先后荣获全国"三八"红旗手、全国优秀创业企业家、全国优秀中国特色社会主义建设者、中国十大杰出女性等称号。

陈爱莲具有强烈的战略意识，提出"没有战略就没有方向""战略是纲、纲举则目张"。她率领的万丰奥特控股集团始终倾听时代的脉动，密切踩着改革的节拍，与中华民族心连心、同呼吸、共命运，将中国先进制造业进行到底。她带领的万丰一手创新、一手并购，多产业并驾齐驱，成为了多个领域细分市场的领跑者。

陈爱莲带领万丰20多年的成长奋斗史，是改革开放以来中国民营经济奇迹般增长的出色注解，更是浙商创业创新、奋力拼搏、勇于竞争的企业家精神、浙商精神的真实写照。

员工加油

永远的人生定律，是你越努力工作，就越幸运！优越的家庭条件，良好的教育背景，漂亮的外貌，等等，不是可以用来应付工作的借口。懒可以毁掉一个人，勤可以激发一个人！一个人处理恶劣情绪的速度，就是他迈向成功的速度！"真正能让你倒下的，不是对手,而是你自甘落伍的心！不要等夕阳西下的时候才对自己说'想当初''如果''要是'之类的话！""应该在太阳升起的年纪奋勇直前，不为别人，只为做一个连自己都羡慕的人，加油！"

曾有动物学家发现美国南部的鳄鱼经常无端死亡，他们很讶异，鳄鱼是水中霸王，怎么会不明不白地死亡呢？通过观察，他们发现，原来是鳄鱼误咬了树藤，以为树藤是一种可吃的动物，又利用它自身的优势，用力打滚，可是树藤越缠绕越紧，结果就把鳄鱼给困死了。

许多人在工作中也会陷入这样的误区，以为自己学识很渊博，工作水平很高，工作能力很强，于是不但放松了对自己的严格要求，还自我感觉良好，时常表现出高人一等的姿态，常出口伤人，人际关系也很差，甚至还经常在工作中违反纪律，导致大家对这种人怨气很大。

不要太高看自己，而要经常反省自己，清楚自己在单位处于何种的位置。认为自己有本领，就可以目空一切，就可以态度恶劣，那是绝对的愚笨。

一定要保持好的工作态度。不论从事什么样的工作，无论工作高贵，还是低下，都要认真把它们做好。工作的态度是否认真，在工作中是否敬业，是否踏踏实实，实际上反映了一个人的心境是不是高尚。

工作中不能有任何粗枝大叶、马马虎虎、浮躁的行为，否则吃亏的永远是自己。美国成功学家马尔登说："马马虎虎、敷衍了事的浮躁心态,可以使一个百万富翁很快倾家荡产。"对于工作,粗心、懒惰、草率和浮躁,是最坏的毛病。这种毛病会让一个人很难翻身,会让他生活在黑夜之中。

对于工作的认真态度,其实也是出于对社会、对他人的高度责任感。做事情不耐心,做工作不认真,实质就是没有责任感的表现。

让自己的工作态度积极起来。如果我们要追求生活中的美好事物,那么首先就应该从追求自己的美好心灵开始,比如要让自己的工作态度积极起来。孟子说"反求诸己",它不仅指一个人在道德修养上的追求要从自己做起,在工作上也应如此。我们应该从态度入手,从心灵入手,来重新认识自我。

向外求是不会有什么效果的。比如你越抱怨工作环境,越抱怨越会感觉苦闷无比。一个人若是舍弃内心,舍弃立场,盲目地去追求外在的东西,则会使自己越来越茫然。我们从改变内心入手,改变自己的生活态度,改变自己的工作态度,这样一来,我们面前的世界就会美好起来。

这个世界,谁会给你运气?谁会给你机会?谁会给你幸福?其实,除了自己,谁都不会给你!好的命运在自己身上,在自己积极的工作态度里。

事业上的成就从良好的工作态度中来,不同的人对工作的态度也不一样:有人认为自己不得不从事这项工作,因为工作是谋生的手段;也有人能理解工作的重要性,但是完成就了事;还有一类人是把工作作为自己人生的快乐之源。

　　曾有人问三个正在做同一道工序的建筑工人："你们在干什么？"第一个建筑工人不快地说："你没见我在砌砖吗？"第二个建筑工人说："砌砖是我的工作，我能够胜任。"第三个建筑工人说："这是一个有意思的工作，因为我在建设世界上最漂亮的大楼。"经过多年的跟踪调查，第一个建筑工人仍然是砌砖工，第二个建筑工人变成了一个小商人，而第三个建筑工人则成为了大建筑师。

　　认真的工作态度，会筑就辉煌的事业。而懒惰的工作态度，则会导致倒霉的生活。谁糊弄工作，谁就会面临失败的命运。

职场箴言

扎克伯格：全力做好你要做的事情，财富自然而来

2004 年 2 月，还在哈佛大学主修计算机和心理学的学生扎克伯格突发奇想，要建立一个网站作为哈佛大学学生交流的平台。于是便有了 Facebook 的诞生。

在 Facebook 诞生后的很长一段时间里，它尽管受到年轻人的极力追捧，用户越来越多，但始终没有找到赢利模式。有记者追问扎克伯格，为什么要创建这样一个网站？如果要长期运营下去，最终要靠什么盈利？扎克伯格的回答是："我们创建这个网站，并非单纯地追求利润和财富。让它变得妙趣横生，比赚钱更重要！"

正是由于这份初心和纯粹，Facebook 迅速在全球火爆起来，2016 年用户数已突破 15 亿。而扎克伯格也以 623 亿美元的财富排在《2019 年福布斯全球富豪榜》第 8 位。

用梦想去激发工作的热情

永远以积极乐观的心态去拓展自己和身外的世界。

——曾宪梓

凡笑者，就表现着他尚有生活的胆和力。

——德懋庸

🗂 商道榜样

"这是个可交之人，而且他一定会给你超预期的回报。"这是俞敏洪对盛希泰的评价。

盛希泰是洪泰基金创始人，资深投资银行家，两家一线证券公司打造者，前华泰联合证券公司董事长。

回顾当初，盛希泰可谓少年得志。26岁当上山东证券副总裁，32岁担任联合证券副总裁，36岁升为联合证券总裁，42岁成为华泰联合董事长。纵横券商投行江湖22年，为中联重科、大族激光、蓝色光标等数十家知名企业进行过IPO，业内人称"少帅"。

从业20年，盛希泰有着逾百家公司IPO及并购经验，培养了中国资本市场最优秀的并购团队，培育了中联重科、大族激光、蓝色光标等数十家行业领先的上市公司。

然而，他却逐渐感到激情不再。"新世纪之后10年，中国证券行业不再占领潮头，不再带给我一种跟社会主流层面接触的机会，再干20年还是这个样。我有很多机会换到更大的证券公司做总裁，可是，有什么区别呢？"

2012年，盛希泰离开了从业22年的证券投行，慢慢摸上了天使投资之路，先后投资了中商惠民网、昆仑决、大V店、小黑裙等项目。盛希泰是业内罕有的在资本市场与早期投资领域都有深厚积累的投资人，深谙两个圈子的语言，直接打通投资与退出环节。如今，盛希泰正带领洪泰开创一个全新的投资生态。

转型之后，以前的同行曾问盛希泰，何必做这个买卖，都是"慢钱"。盛希泰回答是："你们哪懂我的快感。"

员工加油

"只有把抱怨环境的心情化为上进的气力，才是成功的保证。"爱德华·包克在很小的时候就有一个梦想："希望拥有属于自己的杂志。"刚步入社会时，他为了生存在一家设计公司工作。"或许薪水没别人的多，职位没别人的高，各方面条件都不如别人，但工作的热情、心灵的财富是否比别人富足呢？如果是，何必整日愁眉苦脸呢？如果不是，愁眉苦脸又有何用？"这是包克的想法。

包克工作很勤奋，而且肯动脑筋。有一天，他在街上散步时无意中发现从烟盒里滑出的明星纸片。他发现明星纸片的背面是空白的。这就给他带来了灵感："为什么不在明星纸片背面写上名人小传，以提高卡片的使用价值？"设计公司经理非常欣赏他的创意，马上同意他去做。包克的创意大大提升了烟草公司的销量，与此同时他的作品也开始供不应求。不久，包克成立了自己的工作室。随着生意的日益红火，他收购了那家设计公司，并创办了自己的刊物《妇女生活》。

包克的成功，源自他的梦想，也因为他热情的工作态度。一个人的梦想，实际上就是"能够帮助我们发现事业机遇的引擎"。

人生最缺少的是什么？不是金钱，不是一时的热情，不是盲目的口号，而是拥有梦想和长久的工作激情。导致一个人处于艰难困境最主要的因素，就是没有自己的梦想。对于工作缺乏热情、激情，就会应付、对付工作，甚至出现马虎懒惰、观望等待等情况。

许多人把自己贫穷无奈，遭受困难挫折，生活不幸福的原因，都归结于受到外界影响。比如工作单位不如意，工作环境很差，周围都是素质不高的同事，领导不欣赏自己的能力，等等。可是，他们从来没有冷静地剖析过自己，没有发现自己的弱点缺点，更不用说去改进这些缺陷。

对于工作，你是积极认真，主动肯干，还是消极马虎，得过且过？对于环境，你是热情乐观，还是冷漠悲观？在这些问题上做对选择会让你拥有不同的人生。

伟大的工作热情，能让人战胜一切困难。只要坚持不懈地有好的工作状态，目的地就不再遥远。一个人强大的工作能力，并非完全靠他的理智和技能，更需要的是他的工作热情。费尔巴哈说："智慧能使人写作，但创造历史的是热情。"没有热情的工作，将会死气沉沉。

热情工作不只会让业绩更加出色，而且会影响一个人一生的命运。改变自己无精打采的工作作风，用高昂的、蓬勃的热情去书写自己的工作经历。热情会像春风似的带着你，让你积极地改善忧郁的、苦闷的工作环境。

除了自己，没有人可以左右你的情绪。工作环境可以影响一个人的情绪，但不能决定你的情绪。俗话说，触景生情，景随心生。阴雨的天气固然使人沉闷、抑郁，但更可能是你自己苦闷、低落的情绪，使得坏天气产生了连锁反应。如果你内心充满阳光，那么再大的阴霾也算不了什么。

消极抱怨、情绪沮丧的结果，是自己工作出错、倒霉。我们应该在进工作场所之前，彻底摆脱烦恼。而在下班的时候，就要把工作中的烦恼驱除，把快乐带给家人。

职场箴言

阿道普斯·布施：打破局限，天地更宽

有梦想、有行动就能够赢。1880 年，阿道普斯·布施成为百威啤酒总裁的时候，立志要占领全美国的啤酒市场，并创造一种能够行销全国的啤酒。但在当时的美国，酿酒业具有明显的地域性，没有瓶装啤酒，桶装啤酒因为没有冷藏保护，无法运到远处。因此，很多人认为阿道普斯的梦想是天方夜谭，但他的想法恰恰相反。在他看来，正是啤酒产业的局限性，使它同时具备了巨大的潜能，只要想办法破除这种局限，就能改变整个行业的格局。

很快，阿道普斯发明了一种特殊的装瓶方法，可以使啤酒的储存和运输不再受温度变化的影响，让百威啤酒有了可以运销全美的可能。随后，在阿道普斯不断的努力下，百威品牌很快在全美打响，并逐步风靡世界。

无论有没有阳光，都要灿烂工作

心情愉快是肉体和精神的最佳卫生法。

——乔治·桑

你明白，人的一生，既不是人们想象的那么好，也不是那么坏。

——莫泊桑

🧳 商道榜样

2015 年，一场有关万科集团的股权争夺战引发全国关注，并成为中国 A 股市场有史以来规模最大的一场公司并购与反并购攻防战。由此，一直神秘低调的富豪姚振华和他控制的宝能系进入大众视野。

姚振华出生于 1970 年，祖籍广东潮汕。20 世纪 90 年代初，刚大学毕业的姚振华只身奔赴深圳创业，靠卖蔬菜起家。公开资料显示，宝能集团前身为深圳市新保康实业发展有限公司，新保康的前身则是成立于 1997 年的深圳市新保康蔬菜实业有限公司。

2003 年，宝能投资集团入股深业物流，一直控股到 40% 多。2006 年深业物流进行分拆，分拆的结果是宝能拿到深业物流品牌的使用权，这是宝能资本积累最重要的一步。2005 年，深圳宝能太古城的成功，让姚振华看到了城市综合物业开发的商业契机。2009 年起，宝能发力全国业务，综合物业开发进驻全国七大区域 30 多个重点城市。2012 年，宝能集团联合发起成立前海人寿保险股份有限公司，金融被纳入其版图。至此，宝能系已构筑了一个汇集地产、金融、物流等众多产业的庞大的商业帝国。

在很多人眼中，潮汕人敢于冒险，行事作风凶悍，姚振华也被外界评价为"凶悍"的"野蛮人"。但在宝能集团内部，熟悉姚振华的人并不这样认为，在他们看来，姚振华低调、务实，善于把握机遇。若没有 2015 年的那场与万科的股权之争，可能很多人还不知道姚振华的名字。如今，在最新公布的《2020 胡润全球房地产富豪榜》中，姚振华以 1120 亿元的财富名列第 10 位。

✈ 员工加油

"眼睛就是身上的灯。眼睛若明亮，全身就光明；眼睛若昏花，全身就黑暗。"上班不能带着抑郁痛苦的情绪，更不能带着各种"霉气"。"无论今天有没有太阳，我们的脸上一定要有阳光。因为这种阳光可以给我们带来工作的好运气，也会使自己成为一个快乐的发源地，同时可以把这种快乐带给周围的同事。"

工作就是工作，不要混淆工作和生活的概念。人无微笑莫工作，在工作场所发泄自己的恶劣情绪，那是愚蠢的做法。当自己不痛快的时候，多想一想"人生不如意事十之八九"，多悟一悟"生气是在给自己和别人吃毒药"。

把家庭的不快带到工作单位是可笑的，没有一个人会为你的不快埋单；把生活的愤怒和烦恼带到工作单位，那是无能，没有一个人会因此同情你。

宝剑锋从磨砺出，梅花香自苦寒来。媒体报道《工地上的"纲"铁侠：心有坚守，勇于担当》，讲的是一位从普通的技术员，成长为项目经理，再到全国五一劳动奖章获得者的员工，他被工友们形象地称为"纲"铁侠。7年间，他用坚实脚步印证，用品质信念担当。他就是中建二局三公司天津分公司的李纲。工作过程中他也有过迷茫和对未来的忧虑，不过并不畏惧。"每一次的进步都面临着巨大的压力，过了之后就会觉得，其实也不过如此"。

我们见到的世界只是自己内心的反映：一个人心情开朗时，见到的同事和客户都是友善亲切的；当心情烦躁时，碰上的人仿佛都是面目可憎的。如果你心里祥和宁静，那么去哪里都是欢喜自在的；

如果你心中充满智慧，那么一纸一笔都会引导你见到真理。

积极的心态不仅能够调动一个人现有的心灵力量，而且可以不断使潜在的心灵力量得以挖掘，使工作水平发挥到一种好的状态，甚至达到完美的境界。相反，消极的心态会阻挡心灵力量的发挥，更不用说挖掘内在的心灵力量了。它容易使一个人陷入悲观失望、得过且过、烦恼痛苦以及忧虑无奈的泥潭。

其实，同样的工作环境，心态不同的人，工作态度也不一样。面对再不好的工作环境，心态积极的人是平心静气的，气定神闲的，他一点也不会有那种烦躁、抑郁、悲观和自卑的情绪。心态消极的人面对再好的工作环境，也常悲哀叹息，感觉处处不如意，人人不善解。

人有精神并且能够保持乐观的态度，那么工作就有活力；人无精神并且总是烦恼痛苦，工作就沉闷。如果不试图改变自己抑郁的状态，那么到任何一个地方去工作，最后都会是同样的结果。

带着恶劣情绪工作容易被炒鱿鱼。我认识一个司机，他原来在一个单位开专车，后来因为情绪原因被炒了鱿鱼。后来他成了一名出租车司机，依然改不了情绪差的毛病，结果一个月收入差不多都交了罚金。在出租车司机这一行，他也没干好，没干长。

苦闷之下他去看心理医生。医生听了他的讲述后，了解了事情的来龙去脉，对他说："你这是心态不好造成的，开车太急躁。实际上等红灯不过是一两分钟的事情，但是对你来说却好像等了一两个小时，这是非常忌讳的事情。你必须改变心态，有了良好的心态，你就会找到工作。"不久，他又在一家搬家公司找到了开车的工作。从那以后，他就心平气和，不急不躁地工作了。

心态好的人，情绪稳定，烦恼也少，更没有莫名其妙的坏脾气，工作踏踏实实。心态不好的人，人浮躁，烦恼牢骚多，工作也马虎。

遇到挫折是正常的，我们应坦然接受已经发生的糟糕事情。牛奶打翻了，再去哭泣也是没有用的。比如工作中发生了不幸的事情，那么再去懊悔、再去悲痛也是没有任何意义的，反而会使自己的心情更糟糕。这时候重要的不是悲伤和烦恼，或者博得别人的同情，而是勇敢地从容地去接受不可改变的现实。

对于工作，不能一味地盲目乐观，而是要做好充分的心理准备，应对糟糕的情况。其实工作当中并非全然都是美好的事情，它充满了好多令人不确定的变数，它们既可能给我们带来欢乐，也可能给我们带来烦恼。

工作是不公平的，生活也是不公平的。你有学历，有水平，有能力，却干不上称心如意的工作，你说此时没有一种好心态，行吗？

职场箴言

马云：任何失败，都是一次属于你自己的收入

我们常说"失败是成功之母"，但面对失败，恐怕没有多少人能坦然接受。可是，你需要知道的是，没有失败的成功不是没有，但肯定不是人生的常态。所以，不管你多么讨厌失败的滋味，还是要学会与它共存。而且，在很多情况下，失败恰恰是积累经验最宝贵的方法。

马云在成功之前，失败过无数次。他想去考警察学校，5个人中通过了4个，只有他没有通过；他去肯德基面试，24个人中通过了23个，也只有他1个人没通过；甚至在阿里巴巴创业初期，他见了超过30个投资人，却没有1个人愿意投给他。可以想见，在任何一个挫折跟前倒下，都不会有现在的马云。正是这些挫折，让他积累了经验，锻炼了勇气，成就了自我。

自信乐观，不断战胜工作中的困难

笑，就是阳光，它能消除人们脸上的冬色。

——雨果

欢乐是希望之花，能够赐给她以力量，使她可以毫无畏惧地正视人生的坎坷。

——巴尔扎克

🧳 商道榜样

河南花花牛乳业集团股份有限公司是一家集乳品加工、奶牛养殖、饲料生产为一体的企业集团，日加工乳制品能力达 1300 吨，产品涵盖低温酸奶、低温牛奶、常温酸奶、常温牛奶、乳饮料等五大类百余个品种，是河南省农业产业化重点龙头企业。

花花牛依托传统零售、现代商超、送奶入户、电子商务等多种渠道，形成覆盖河南全省并逐步布局全国市场的销售网络。近年来，花花牛连年进入中国奶业 20 强，加入"中荷奶业发展中心"，成为河南首家顺利通过"国家优质乳工程"验收企业、"第十一届全国少数民族传统体育运动会"指定乳品供应商，行业地位不断提升。

花花牛不仅注重企业经济效益，还始终把社会责任放在肩头。花花牛集团带动养牛、种草农户 2 万多户，合同内奶牛 4 万多头，每年为农民带来收入超亿元，并带动了包装、运输等相关产业的发展，安置相关产业劳动人员 3 万多人。2002 年底，花花牛被国家九部委授予"农业产业化国家重点龙头企业"，被河南省总工会授予五一劳动奖状。

新鲜是牛奶的灵魂，"新鲜在你身边"一直是花花牛对所有消费者做出的承诺，也是他们一直在坚持的产品品质。从原奶的采集、生产、储存到运输、销售，花花牛实现了全程冷链无缝运营。在以郑州为中心的 150 公里的"新鲜半径"之内，实现了从原奶收集到加工只需 2 个小时的目标。

目前，花花牛拥有博士、硕士、本科毕业生等各层次专业技术人员 800 余人，所有的人才和技术都在为一件事努力，那就是为用户送去好牛奶。

员工加油

　　人生是好，还是坏，不是命中注定的，而是由一个人的心态决定的。其实，命是天生的，运是自转的。这个"运"主要就是对于工作的态度。工作态度的好坏，事业成功与否，又往往是由心态决定的。在人生的道路上，倘若你播种的是积极心态的种子，那么你收获的就是美好的果实；倘若你播种的是消极心态的种子，那么你收获的就是不幸的苦果。

　　积极心态的人，总是自信和乐观的，即使一时遇到困难，也会不断鼓励自己，要勇敢地去面对，不要自卑，更不能绝望，重要的是相信自己，做到坚强和坚持，努力去想办法。一个人心里是怎么想的，他的外在表现就是怎样的。

　　"90后"创业人士李哲认为，人在工作中，阳光心态非常重要。工作中，肯定少不了烦恼和麻烦，摆脱困境的关键是自己的良好心态。对于遇到的困难，要用积极心态去克服。中国青年网曾对李哲的创业进行过报道："Easyfind作为全美首家提供会员制的留学生资讯平台，以'会员制'的独特方式鼓励和吸引广大北美地区的留学生积极入驻平台，以'留学生'服务'留学生'的形式提供从基本的生活、教育资讯到专业的法律、移民、创业的咨询，为北美的留学生解决了在美国生活的种种不便，同时也打消了远在大洋彼岸的留学生父母'儿行千里母担忧'的烦恼。"李哲的口号是："不放弃，一起干"，这样的坚定意志让他们一次又一次超越目标。

自信乐观，万事从容不迫；心意一乱，万事不能正常。心态一好，万事有条不紊；心意一正，万事按部就班。若是把人生的希望，工作的成绩，全部寄托在个人的不良的欲望上，一味空想而不是通过心平气和的态度，刻苦努力的方式去实现它，那么这样的人生将是不幸的。

工作环境只是事业成功的一个因素，更重要的是自己的心态如何。"不以物喜，不以己悲"，不能因为一时的工作失意而沮丧，也不要因为一时的工作顺心而得意忘形。彻底改变外部的工作环境是非常艰难的，或者说是根本不可能的，但改变自己的心态是完全可能的。

很多人在工作不顺利时，大多抱怨工作环境不好，或者抱怨主管没有水平，等等，可是从来没有认真地检讨过自己的心态如何。

良好的工作心态有两个前提条件，一是在工作中保持宁静、平和的状态，没有烦躁的情绪；二是不攀不比，善于控制不良的欲望。工作中多一些思考，多自问一个为什么。明白自己，明白别人，正确处理好自己与他人的关系，自己与工作的关系，这需要良好的修养。

在工作中遇到困难，如果我们能够及时地冷静下来，好好地思考一下，就不会产生不良的恶果。许多人之所以在工作中不断遭遇挫折，主要是因为心浮气躁，认不清事情的真相，又意气用事，结果导致一错再错。

人在心平气和的时候工作，其工作状态就好，工作效率就高。人带着不良欲望工作，其情绪就恶劣，当然其工作状态也差，更谈不上工作效率。

改变自己的心态，工作环境自然会好起来。与其郁闷和烦恼于工作的环境，或者想方设法、挖空心思去改造外部的工作环境，不如努力来改变自己，相对来说改造自己的心态会容易许多。

工作当中难免碰到一些不如人意的事情。我们冷静仔细地分析，发现除了那些意外的事情以外，许多是由于自己主观的意志与工作的客观环境不相协调造成的。比如人际关系紧张，可能不是因为别人无理取闹，而是因为你太自私、太骄傲的性格，导致人人心怀怨恨。比如你认为自己是大材小用，但是实际上你在这个单位表现并不好，能力也不行，可能连小材都算不上。

没有一个人会用一生来帮助你来改变工作的环境，你只能依靠你自己。从改变自己的工作态度和心态做起，改变自己为人处世的方法，改变自己的工作作风。

杰克·韦尔奇：我们的每一天都是一场战斗

美国通用电气公司的董事长杰克·韦尔奇，有着"全球第一CEO"之称。他出身于一个典型的中产阶级家庭，他的母亲从小就培养他的独立性，不断提升他的能力和意志，常常通过正面而有建设性的意见促使他振作。杰克·韦尔奇到了成年还有些口吃，但他母亲不认为这是什么缺陷，反而鼓励他，让他树立自信。这种自信，是韦尔奇一直保持的人生信念，在日后管理生涯中，他将这种信念淋漓尽致地发挥出来。

韦尔奇在面对企业痼疾时始终怀有必胜的决心。他经常说的一句话是："我们的每一天都是一场战斗。"

工作越麻烦越要耐烦

幸运并非没有许多的恐惧与烦恼，厄运也并非没有许多的安慰与希望。

——培根

人活着总是有趣的，即便是烦恼也是有趣的。

——亨利·门肯

🧳 商道榜样

　　佳源创盛控股集团有限公司 1995 年始创于浙江嘉兴，是一家集房地产开发、家电零售、文化旅游、医疗养老、市政园林等产业为一体的控股集团型企业。

　　1996 年，佳源开建嘉兴第一个商业住宅小区月河公寓。20 多年来，在波涛汹涌的房地产市场里，佳源集团坚持品质是硬道理，走出了一条不平凡的发展之路：20多年来，集团业务遍布中国100多座城市，并走向澳大利亚、新加坡、越南等国家，拥有各类成员企业200余家，其中多家企业在境内外上市。今天的佳源集团，不仅是嘉兴楼市当之无愧的"领跑者"，更是连续7年跻身中国房地产开发企业50强。

回溯佳源集团深耕嘉兴20多年的发展历程，不难发现，佳源一直在引领这座城市的区域价值。20多年来，它立足全局、规划长远，始终以城市发展为己任，以城市使命谋划企业战略，从城南到城东再到城西，佳源每开启一个重大项目就引领一个城市板块的崛起；一个个佳源品质楼盘，是嘉兴"东进西拓，北控南移"发展历程的生动坐标，更是一座城市价值与品位提升的完美体现。

"缔造品质生活"一直是佳源集团的初心和使命，佳源集团董事长沈玉兴多次明确表示："产品品质就是我们的立身之本。"追求品质的理念一直被佳源集团全面贯彻，从最初的产品品牌延伸到"个人品质、工作品质、产品品质、生活品质、效益品质"，正是对"品质"二字的极致追求，使得佳源成为广大客户心目中"品质保证"的代名词。

✈ 员工加油

天下没有不麻烦的工作，因为根本没有一帆风顺、一步到位的事情，在复杂的事情面前，我们需要拥有一种耐烦的好心态。一个人要想工作能够顺利进行，除了将本领练得高强，水平发挥得良好外，关键还是要有耐烦的心态。对待工作，光有激情，光有知识，光有冲劲，是远远不够的，还需要忍耐和克服工作的各种麻烦。

心急做不了任何工作，着急的心情容易把事情弄得更糟糕。在焦急时我们更需要冷静、安静和宁静，清除那种烦躁不安的坏心态，认真思考，有条不紊地处理工作中的各种矛盾和问题。

一个人的工作本领有多高，其耐烦的能力就有多强。耐烦不是一时的忍耐麻烦，而是长久地去忍耐，用智慧和毅力，而不是凭一时的热情。个人品牌专家恒洋说："职场也好，家里也好，学校也好，有没有一段时间觉得很痛苦，觉得自己快承受不住了？如果你有过这样的经历，再去创业，感觉会不一样。创业当中你感受到的最大一件事情就是孤独，没有人可以理解你，没有人可以在你身边，在关键的时候给你帮助。晚上，所有的员工都走了，你一个人静静地坐在公司，想着下个月要交房租，过几天要给员工开工资，明天还要去服务客户，下一步怎么走，还有很多未知的事情。这时候最需要的是冷静和信心。在创业之前一定要给自己去找苦吃，多做一些自己都不能接受的事情，去挑战自己的心。"

工作越是不如意，越要有好心态。工作遇到不如意，这是常态。心态好的人，会不断努力，积极地把不如意的事情变得顺畅圆满。

其实，任何事情都有两种可能，一种是好的可能，另外一种是坏的可能。同时，好的机会包含坏的机会，坏的机会又包含好的机会，它们在一定的条件下往往是相互转化的。

如果我们用积极心态去处理不如意的工作，那么就会出现好的机会，带来新的希望。如果我们用消极心态去处理不如意的工作，那么就会出现更大的挑战，甚至让人悲哀和绝望。消极的情绪会让我们丧失好的机会，更不用说这世上还有许多不如意的事情。

为一时的工作挫折以及复杂的人际关系而抑郁、烦恼和苦闷，那是非常不值得的，因为那是残害自己的愚蠢举动。很多时候，不妨换个角度去看问题。

有一个故事是这样说的："一个老太太，有两个孩子，一个是男孩，另外一个是女孩。孩子成年以后去做买卖，男孩开草帽店，女孩开雨伞店。可是，老太太的心态非常差，天气好了，为女孩发愁；天气不好，为男孩发愁。有人看她愁眉苦脸的样子，十分同情她，劝说道：'天气变化是正常的现象，谁都没有办法左右的。你应该每天高兴才是，天气好的时候，你儿子的草帽可以多卖；天气不好的时候，你女儿的雨伞可以多卖。不是天天有快乐的事情吗？'听了别人的一番话，老太太顿时释然。"

稻盛和夫说："即使你讨厌工作，但又不得不努力工作，那么在努力工作的过程中，你脆弱的心灵就能得到锤炼，你的人格就能得到提升，你就能抓住幸福人生的契机。"工作烦恼时，一个人可能会进入死胡同，视野往往变得狭窄。那些快乐的事情似乎也不存在了。只考虑自己的那些烦心事，容易让人钻牛角尖。

乐观看待工作中的矛盾。凡是工作，总是有一定的麻烦，总是有一些矛盾。拥有好心态并且生性乐观的人，他们坦然承认世界并不是完美的，工作肯定是有困难的，挫折是不能避免的，所以他们早有心理准备，处变不惊，遇到不如意的事情能够坦然承受，勇敢面对。

有好心态的人，不会因为一次或者两次的工作不顺利和短暂的挫折，而彻底丧失信心。更不会因为别人的一两句闲言碎语，而完全否定自己。乐观的人能够迅速走出困难的境地，摆脱不幸的影子。他们知道自己的目标，会为此坚定不移地去努力奋斗。

有好心态的人不会害怕工作中的困难和矛盾，而是有勇气和能力去处理和解决难题。他们既不埋怨别人，也不埋怨自己，而是很好地把握住自己，朝着人生的目标坚定地前进。

职场箴言

卡尔·斐德利希·拉普：创新就是核心价值

1918 年 11 月，第一次世界大战以同盟国集团的失败而告终，作为战败国的德国经济受到极大影响，宝马公司自然也未能幸免。作为宝马的创始人，卡尔·斐德利希·拉普开始对公司进行调整。拉普认为，要想在当时的环境中生存，唯有不断创新。从那个时候起，创新便一直是宝马公司的核心价值。

在超过一百年的发展历程中，宝马每天都在朝着新的目标冲刺，每天都在更新已有的成绩。它一直在不断地进行产品革新，目的就是为了完善拉普当初定下的核心价值。这也是宝马品牌历经百年依旧风靡全球的一个重要原因。

给自己的心灵一片灿烂的晴空

莫把烦恼放心上，免得白了少年头；莫把烦恼放心上，免得未老先丧生。

——狄更斯

清新、健康的笑，犹如夏天的一阵大雨，荡涤了人们心灵上的污泥、灰尘及所有的污垢，显露出善良与光明。

——高尔基

商道榜样

他46岁才开始创业，靠1.5万元起家，创立了一个速冻食品的龙头企业，打造出中国老百姓家喻户晓的品牌。他就是三全食品的创始人——陈泽民。

陈泽民出生于1943年，从医学院毕业后就一直从事医疗行业，做了二三十年的外科医生，甚至当上了副院长。就在所有人都认为他会在这个行业奋斗一生的时候，46 岁的他却做出一个惊人的决定——1989 年，他和爱人借了 1.5 万元，在火车站中州商场开起了冷饮部。

卖冷饮在当时已经不是什么新鲜的生意，但陈泽民在产品的口感、外观上都花了不少心思，因此生意很不错。不久之后，他发现很多人都喜欢吃汤圆，可是汤圆只能现做现吃，没办法保存，而且做起来也比较麻烦，他从中看到了商机。经过一番研究，1990 年，陈泽民推出了速冻汤圆，并注册了"三全"商标。

那段时间，速冻汤圆完全是个新鲜玩意，为了推广自己的产品，陈泽民不辞辛苦，四处奔波，一点点让别人接受、认可。为了全身心地投入到创业中，他辞去了医院副院长的职务，这在当时无法被人理解和接受。但陈泽民不在乎别人的看法，一心扑在自己的事业上。在他的不断努力下，三全的品牌影响力越来越大。经过多年发展，三全食品从一个小作坊变成了上市公司，员工从几个人发展到近万人，产品的种类也更加齐全。

三全食品成为速冻食品的龙头企业之后，按说陈泽民完全可以退居二线，好好享受退休生活了，但他并不甘于这样，而是在 74 岁时又选择了二次创业。这一次，他把目光投向了地热发电行业，成立了郑州地美特新能源科技有限公司，并在中国地热发电产业取得重大突破。

这就是陈泽民，一直爱"折腾"，一直在不断突破自己。他用自己一生的创业经历告诉我们，只要有梦想，只要有奋斗的激情，什么时候都不算晚。

🛩 员工加油

面对暂时不尽如人意的工作环境，我们不能有自怨自艾的坏情绪，而是需要积极地调整心态。乐观的人总是能够看到事物好的一面，悲观的人只能看到事物糟糕的一面。背对着阳光看问题，看到的多是阴暗的方面。

时间飞驰，世界在变化，一切都会变化，这时候我们更需要一个好心情，一个好心态。好心态能够带来乐观的情绪，而乐观的情绪能够清除心中的郁闷之情，还自己一片灿烂的晴空。工作会有挫折、失败的时候，但是我们的心灵不能总是阴郁。

天空有时候会下雨，但别指望他人会为你撑雨伞，世界上没有这么美的事。你必须为自己及时撑一把雨伞，以免让大雨淋湿。

消极心态不能成为人生的常态。为什么同样的大学毕业生，进入到同样的工作单位，几年以后彼此就有了很大的差别？造成这些差别的主要因素是什么呢？最关键的因素就是心态。对待自己的工作，是采取积极心态，还是采取消极心态？持积极心态的人，大多是自信主动的，进取努力的。而心态消极的人，大多是自卑被动的，迷茫无助的。

持消极心态一旦成为习惯，人生的苦难和不幸就来临了。对待工作，应该自信的，却变成了自卑；应该乐观的，却变成了悲观；应该果断的，却变成了犹豫不决；应该热情的，却变成了冷淡；

应该快乐的，却变成了郁闷；应该心平气和的，却变成了心烦气躁。这样的工作，这样的人生，肯定是十分糟糕的。

"有智慧的员工，在独处时会管好自己的心，在不是独处时则会管好自己的口。与他人相处时，是谦虚学习的好机会；在个人独处时，是反思自省的好机会。"好心态是改变命运的法宝，是搞好工作的坚实根基，更是获得人生幸福的灵丹妙药。而消极心态只能让一个人变得贫困、无助。

控制自己的恶劣情绪，一个人的心态越好，他的工作之路越宽广。心态积极的人，会客观地看待工作以及工作的环境，实事求是地对问题进行分析，既看到好的一面，也看到不好的一面，并且总是能扬长避短，努力肯定好的一面。对待工作，勤勤恳恳；对待同事，实实在在。但是，消极心态的人，却不是这样，他们要么盲目地乐观，要么盲目地悲观。

心态积极的人，知道如何正确地看待自己，如何艺术地处理好自己与同事的关系，也擅长与工作环境长久保持协调，会冷静中肯地分析和评价自己，既看到对自己有利的一面，也看到对自己不利的一面，总是能扬长补短，努力去改进，积极去弥补不足。

一个人心态好，其精神也好，工作起来也有劲头，生活充满了希望。一个人心态不好，其精神往往萎靡不振，工作起来也没劲，感觉一切都没有希望。

书本的知识可以通过学习来获得，但是工作方面的经验和智慧，只能通过良好的心态才能获得。因为有好心态的人，必定有大智慧。心态不佳的人，即使知识再多，也不会有什么智慧，他所拥有的只是愚蠢和无知。那么什么是工作的好心态？在我看来就是不烦不躁，气定神闲，不妒忌不猜疑，不斤斤计较，不卑不亢，心态平和，勤奋努力。

陶洲明的"结庐在人境，而无车马喧。问君何能尔？心远地自偏"就体现了一种好的心态。有人问一个在事业上取得巨大成功的人士，其成功路上最关键的因素是什么？那人说："最关键的因素是我在工作中的好心态，所以工作的状态也好，我能够心平气和地工作。"

同样的工作环境，同样的工作条件，不同的人有不同的发展道路。为什么会产生差异？关键还是工作心态的不同。

职场箴言

王卫：低调做人，高调做事

作为顺丰速运的创始人，王卫一直以来都非常低调。他入围 CCTV2012 中国经济年度人物，多次进入福布斯富豪榜，连马云也直言不讳地说："（我）最佩服的人是能管理 7 万基层员工的顺丰老板王卫。"但是，据说很多投资人开出 50 万元的"买路钱"，花旗银行更是开出 1000 万元的"辛苦费"，想找中间人约王卫一见，都很难如愿。香港的狗仔队假扮成快递员打入香港顺丰公司内部，才拍到王卫的真容。

王卫为何如此低调？他并非刻意如此，他只是想把精力都放到做事上。当带领顺丰向前奋进时，他永远都是充满热血和斗志的。而事实上，对于一个努力做事的人，所谓的财富、名誉，最终都不会相负。

把工作当成自己的事业

如同心情不快时进餐就会食欲不振一样，没有热情地从事科学研究就会使记忆力混乱，使记忆力不能消化它所吸收的东西。

——达·芬奇

如果没有高昂的蓬勃的热情，就不可能写出艺术作品。

——托尔斯泰

🗂 商道榜样

河南森源集团有限公司是集科研、制造、贸易、投资为一体的集团性公司，是一家拥有电气制造、车辆制造、新能源发电、投资物贸四大板块的现代化企业集团。

很多人想不到的是，森源集团在1992年刚刚创办时，只是一个员工仅4人、启动资金10万元的私营小厂。短短的28年，森源集团已飞速成长为拥有 20 多家子公司、员工上万人的上市集团公司，2017 年跻身中国企业 500 强。

很多人会问，森源集团飞速发展的秘诀究竟是什么？答案只有两个字：创新。森源集团董事局主席楚金甫曾说过："创新是企业发展的灵魂。森源的发展史，就是一部创新史。"正是依靠创新驱动，森源才实现了从"跟跑"到"并跑"再到"领跑"的升华蝶变。

28 年来，森源集团始终坚持"依靠机制创新，引进高素质人才；依靠高素质人才，开发高科技产品；依靠高科技产品，抢占市场制高点"的发展战略，在产品创新、机制创新、管理创新、商业模式创新方面不断探索，创造了一个又一个"森源奇迹"，培育出"森源创造"的核心竞争力。

从传统装备制造向高端装备制造、智能制造的不断自我革新过程中，森源集团始终牢牢把握创新发展主动权，加快培育发展新动能，在更高质量、更大效率、可持续的发展征途上迈出了新步伐。当前，森源上下策马扬鞭，一张以创新驱动、高质量发展的大幕正徐徐拉开。

✈ 员工加油

如果只把工作单纯视为挣工资，那将陷入认识上的极大误区。

尽管工资是需要我们努力去挣的，因为这是维持生活生存的必要条件。但是，我们也应该把工作当成自己分内的事情、自己的一份事业那样来热爱。唯有这样，工作才有可能成为提高我们生存能力的一种途径，成为走向成功的一次机会。

无论自己将来要做什么样的人，我们对于现在的工作，首先要有好的心态，特别是要学会去喜爱，而不是去讨厌，或者应付，甚至抱持得过且过的心态。我们必须树立良好心态，一心一意，兢兢业业，努力工作。

现在的努力，是为了将来的幸福。不要害怕在工作中多付出，不要对工作斤斤计较，不要为了多干一点工作就牢骚满腹。一个人对于工作的热情越多，工作的效率就越高。把工作当作一件快乐的事情去做，就会发现人生越来越美好。很多时候，多付出就意味着你的工作能力强，晋升的机会多。

有付出，就一定要有报酬，如果有这样的心态，肯定很难干好工作。因为一旦当你多付出的时候，你的心理就会失衡，工作态度就会有变，工作质量相应就下降。许多时候，现在的努力不一定会有回报。罗斯·金说："只有通过工作，你才能保证精神的健康，在工作中进行思考，工作才是件愉快的事情。"工作是绝对不能论斤计两的。

工作态度端正了，自然会感觉干得有意思。工作的快乐与痛苦，完全与一个人的心态有关。不要老是认为职业生涯"苦日子长，甜日子短"，如果总是让那些不如意的占据大脑，那么工作的烦恼和厌恶情绪就会没完没了。

如果你把工作当作一件苦差事，那么苦的滋味、烦的心情就会充满整个旅程。时时消极地想那些工作痛苦，于是一点快乐的感觉都没有，人生在这种烦恼中苦度，该是多么悲哀的事情啊！工作必须要学会在"烦中寻乐"。首先要珍惜来之不易的工作，其次，不要害怕工作的艰难，要明白人活着就是要去解决各种困难和矛盾的。

"一切人、一切事物都是相互关联的。在奉献的时候，实际是利于自己；当伤害同事时，是在伤害你自己。宇宙万物皆为一体。在你伤害大地、河川及这上面的生灵时，你其实正在伤害你自己。"工作不认真，吃亏是自己。一些年轻人大学刚毕业，走上工作岗位，不是挑剔这个，就是埋怨那个，仿佛整个社会都欠他似的，心高气傲，甚至趾高气昂，什么都看不惯，什么都不认真。到后来才明白，只有那些品德高尚、工作认真和业绩出色的人，才有资格体面地有尊严地活着。一个人没有尊严，背后肯定是懒惰和无德。

员工与员工之间为什么差距会这么大，差别在哪里？有的只有梦想，有的唯有行动；有的追求物质，有的享受精神；有的活在现实，有的活在未来；有的是平凡人，有的是真天才。人生的梦想，工作的成绩，不认真对待是无法实现的，不经艰苦的努力

是无法取得的。那种依靠所谓的金钱，依靠自己的小聪明，依靠
自己优越的家庭条件等幼稚想法，不但是可笑的，而且不会成功。
你越是马马虎虎地对待工作，粗心大意，那么你的工作环境将越
发恶劣，生存处境将越加悲惨，生活心情将越糟糕。

霍华德·舒尔茨：口碑创造金字招牌

作为星巴克的创始人，霍华德·舒尔茨一直强调和坚持的就是"口碑效应"。很多人都会注意到，与众多知名品牌相比，星巴克几乎很少投放广告，但星巴克并不缺少传播。霍华德·舒尔茨所看重的就是"口碑"，这一积累的过程看似缓慢而烦琐，却是最稳定和长久的。

"进来一个，抓住一个；抓住一个，巩固一个；巩固一个，发展一批。"这就是星巴克进行品牌宣传的法宝。霍华德·舒尔茨经常说，星巴克是以一种商业教科书上没有教过的方式创立了自己的品牌。事实上，这种方式看似原始、笨拙，但积累起来的力量却是惊人的。星巴克正是通过口碑营销，走出了一条适合自己的发展之路。

工作是件美好的事

地球上一切美丽的东西都来源于太阳，而一切美好的东西都来源于人。
——普利什文

人在他的历史中表现不出他自己，他在历史中奋斗着展露头角。
——泰戈尔

📁 商道榜样

提起严望佳，有人称她为"中国信息安全的掌门人"，也有人把她叫作中国网络的"守护女神"。

严望佳的战场，没有硝烟，却常常需要殊死相搏。面对全球范围内不断升级的大规模黑客攻击，她带领自己一手创立的启明星辰，凭借自主研发的多元化高科技网络安全产品，全力捍卫中国网络信息安全。

1996 年，荣获宾夕法尼亚大学博士学位的严望佳，谢绝美国公司的高薪聘请，与丈夫严立返回北京，创立了启明星辰公司。在公司筹备阶段及成立初期，很多朋友都力劝严望佳主做网站，因为这个领域"金主多，来钱快，路子广"，可都被她否决了。"中国互联网产业发展迅猛，但网络安全技术严重滞后，扭转这种局面非一夕之功，但总得有人去做。我这个人很愣，回国就没考虑过退路，这叫置之死地而后生。"

就这样，满怀创业激情与使命感，严望佳带领只有三名员工的启明星辰，一头扎进北京中关村高科技园区，举起了捍卫互联网安全的技术"盾甲"。多年来，启明星辰承担了"计算机信息系统安全保护等级评估认证体系""国家 863 计划""国家火炬计划"等近百项国家级重点科研项目，成为中国最具实力，且拥有完全自主知识产权的网络安全服务综合供应商。

20 余年中，启明星辰已经成长为我国网络安全行业的市场领导者，拥有多条全国市场占有率排名前列的产品线以及几百项软件专利和自主知识产权，是国内重要的自主创新民族品牌。

✈ 员工加油

"应该学会在无价值的事物中寻找美好的东西。"在日复一日平淡而又平凡的工作中，要是我们总抱怨工作的平常无味，就会产生绝望和挣扎的心理，就会做出一些荒谬和怪诞的行为。我们要相信，一切的工作都是美好的，一切的生活都是有希望的，一切的生命都是充满活力的。在工作和生活中不是只有带泪的痛苦记忆，还有带笑的美丽和欢乐呢！

被动工作总是无助的，乏味的，寂寞的，肯定会失去自我；主动工作总是酣畅的，美好的，热闹的，明白为谁工作让我们找到自我。如果人生在忙忙碌碌中度过，这样的人生也是充实的；如果一生无所事事，这样的人生是烦闷无味的。

要在工作中保持一双慧眼，多些美的发现。工作中有许多美好的东西，只是因为我们没有去寻找，所以它们常常被我们冷落在生活的某个角落。我们经常抱怨工作太烦心，事情太乏味，同事太挑剔，那是因为缺乏正面眼光，去细心观察工作的方方面面。只要我们用心工作和生活，用真心真情去感受工作的方方面面，我们就能发现工作着是美好的。

别让工作中的不良情绪淹没了自己，别让恶劣的心情影响了你的周边环境。我们的心态必须要正确，多用正面的眼光，多对美好的东西加以肯定。不要让那些恶劣的情绪蒙住我们的双眼，使我们辨别不了社会的好坏。其实，生活中有许多美好的事物，只是因为我们缺少发现美的慧眼。

心浮气躁，是干不好任何工作的。古代有一个木匠，收徒弟的方法很特别，又非常简单，就是让来人扫一天的地。通过"扫地"的方式来观察这个人是否心浮气躁，然后再来决定收与不收。

有一天，两个年轻人来拜师。木匠让他们去扫地。一个年轻人感到奇怪，认为自己是来学木工的，又不是来扫地的。他心烦意乱地扫了半天，还不见师傅来考试，心里很不高兴，把扫把一丢不扫了。另外一个年轻人认为既然是师傅叫我扫地，总是有扫地的道理，于是老老实实把应该扫的地仔仔细细扫了一遍。木匠让不好好扫地的年轻人走人，留下了认真扫地的年轻人。

凡是心浮气躁的人，其心态肯定不好，不是埋怨这个，就是抱怨那个。其实，我们不论做什么工作，都要认真踏实去做，而不是考虑应不应该去做。

好的心态，决定好的命运；坏的心态，带来不幸的命运，这样的例子举不胜举。如果工作环境不佳，就要及时调整自己的心态，不能总以灰色的心态处事。改变痛苦不安的心理，才能够获得长久的喜乐和幸福。

马斯洛先生说过："心若改变，你的态度跟着改变；态度改变，你的习惯跟着改变；习惯改变，你的性格跟着改变；性格改变，你的人生跟着改变。"在什么山上唱什么歌，在什么工作岗位要有什么样的心态。总之，一个人要随着环境的变化做出调整。

消极失落的心态，会带给一个人郁闷的心情和失败的打击。面对恶劣的环境，不能正确对待自己和别人，吃亏的往往总是自己。

阿萨·坎德勒：精准定位你的产品

阿萨·坎德勒是可口可乐的第一任总裁，从小就显露出聪慧的天资。1888 年，阿萨收购了一种名为"可口可乐"的药用饮料的原始配方股权。由于这种药用饮料具有治疗头痛、偏头痛的功效，阿萨把它命名为"可口可乐健脑液"。但在推销过程中，阿萨很快发现把可口可乐定位为药用饮料是不明智的，这样只会把产品局限在"病人"群体。如果把它定位为大众化软饮料，人人皆可饮用，则销量肯定暴增。

不久之后，阿萨便把可口可乐的宣传从"神奇健脑液"变成了清香提神软饮料。凭借着雄厚的资金实力和高超的营销技巧，阿萨把可口可乐从一只丑小鸭逐步变成了白天鹅。阿萨·坎德勒也因此成为当之无愧的"可口可乐之父"。

只有努力工作才有美好人生

科学，劳动，实际工作，才能使我们病态的、浪荡的青年清醒过来。

——冈察洛夫

幸福存在于一个人真正的工作中。

——奥理略

商道榜样

　　湖波投资控股集团坐落在中国八大古都之一的河南省安阳市，成立于 1989 年，是以水泥及商品熟料的生产和销售为主要业务的大型企业集团，现为河南省领先、豫北地区较大的水泥生产企业。

　　湖波集团是如何发展成为一个总资产逾 40 亿元、年销售收入 20 余亿元的行业翘楚的呢？这与湖波集团一直秉承"只为高品质"的企业发展理念息息相关。创立 30 多年来，湖波集团始终坚持创新发展的进取战略，大力调整产品结构，努力推进水泥行业的技术进步。在豫北地区率先建设了新型干法旋窑水泥生产线，填补了空白，从而提高了整个地区水泥行业的技术装备水平，多次受到各级政府及行业协会表彰，在河南省内第一批通过了"清洁生产"验收。

如今，湖波集团已经是一家占地面积 2100 余亩，员工 1800 余人，下设 10 多家分公司、子公司，拥有 5 条国际先进生产线的大型现代化专业水泥生产集团，年熟料产能 800 万吨，水泥产能 1200 万吨，生产工艺先进，技术装备强大，产品质量稳定，规模和综合实力名列河南省水泥行业第 3 位，在中国民营建材企业 100 强中居第 85 位，中国建材企业 500 强中居第 136 位。

面对未来，湖波集团将继续秉承"感恩、诚信、责任、创新、成长、卓越"的核心价值观，携各界仁人志士共创伟业。

员工加油

今天不努力工作，明天努力找工作。聪明的人依靠自己的工作，愚蠢的人依靠自己的空想。不要小看自己的工作态度，实际上那里面就是哲学，就是学问，就是人生之路，就是希望之星。你是为谁工作？其实你是为自己工作！

有一句励志的话说得好："复杂的事情要简单做，简单的事情要认真做，认真的事情要重复做，重复的事情要创造性地做。"有一位著名的画家在总结人生成败的经验教训时，曾经说过："一日的认真劳动可获得安眠的夜，一生的认真劳动可换得安宁的死。"

智慧人忠告："要正直地生活，别想入非非！要诚实地工作，才能前程远大。"所谓天才，那是假话，勤奋工作才是实话。"我对青年的劝告只用三句话就可概括，那就是：认真工作，更认真地工作，工作到底。"有一个教授要求学生每天有空的时候做500次抬手动作，一个月下来，只有一半的学生还在认真坚持；半年下来，只有四分之一的学生还在认真坚持；一年下来，只有一个学生还在认真坚持。后来，这个学生成为大名鼎鼎的学者。

小事不做，何以成大事。简单的事情，要用心去做。复杂的事情，要认真去做。积极的心态，能够做好任何事情；消极的心态，会使小事情也做不好。越是小事情，越要特别认真对待，越要谨慎努力去把它做好。藐视小事情，认为那是不起眼的东西，根本不认真，或者怀着抱怨的消极态度去做，将来怎么可能成就大事，这些都是愚蠢的做法。

不说一件大事是由好多小事构成的，就是你对于小事的认真态度，也能够使你终身受益。做好小事，能够使自己积累宝贵的工作经验；做好小事，能够赢得别人的赞美和良好的工作评价；

做好小事，能够培养一个人对于工作的自信心。

一屋不打扫，何以扫天下？小事都不肯去做，又怎么能够去做大事？小事都做不了，以后就没人会信任你，让你去挑重任。

热情的工作态度，可以使你不断获得机会。不同的工作态度，决定了不同的人生命运。一种是喜欢工作，对工作热情，认真负责；另一种是讨厌工作，对工作冷淡，不负责任。可以说，前者的命运是美好的，后者的命运是悲惨的。

有两个年轻的大学生，毕业后到一家大型超市去工作，工种都是导购员。可两个年轻人表现出来的工作态度完全不一样。一个是非常珍惜这份工作，热情对待顾客，不断学习与超市经营有关的管理知识，第二年就提升为主管，不久后成为这家超市的经理。而另外一个年轻人却感觉自己是大材小用，因此每天苦着脸，对顾客爱理不理，没过多久就被炒了鱿鱼。"每一天都会有一个机会，每一天都会有一个对某个人有用的机会，每一天都会有一个前所未有的绝不会再来的机会。"其实，在每天的工作中，隐藏着许多机会。

把工作当趣事做，天天会有乐趣。不要自己败给自己，不幸的路多是自己走出来的。许多人往往会问："我工作好好的，为什么会被单位辞退？我工作时间已经够长了，为什么得不到领导的重用，或者获得提升？"不知你有没有问过自己："我的工作态度如何？我的工作是否兢兢业业？我能不能为社会为他人为自己创造价值？"

　　失意者在分析总结自己工作失败的原因时，大多是以怨恨的情绪从外部因素来剖析，没有好好地剖析过自己到底有些什么问题。其实，一个人在职场上的失败，主要还是自己本身出了问题。打倒自己的只能是自己，不可能是别人。命运操纵在自己的手里，而不是在别人的手里。你工作态度好，就会有幸运之星的降临；你工作态度恶劣，常常会有不幸恶魔的伴随。

张瑞敏：对自己高举铁锤

张瑞敏是海尔集团的 CEO，在创办海尔之初，企业经历了难以想象的发展困境。当产品好不容易打开局面并逐渐供不应求时，却有用户反映，海尔生产的电冰箱存在质量问题。于是，张瑞敏突击检查仓库，发现了 76 台有缺陷的电冰箱。随后，他召集全体员工开会，让生产这些电冰箱的员工自己砸掉这些电冰箱。大家既震惊又心疼，但从此也真正砸醒了海尔人的质量意识。三年之后，海尔拿到了中国电冰箱行业的第一块国家质量金奖。

张瑞敏是第一个为追求产品质量对自己高举铁锤的人。虽然后来有很多厂商效仿过他，但最终得到的效果，都相差了十万八千里。

没有讨厌的工作，只有讨厌的员工

谁若游戏人生，他就一事无成；谁不能主宰自己，便永远是一个奴隶。
——歌德

生命在闪光中现出绚烂，在平凡中现出真实。
——伯克

商道榜样

富海集团有限公司成立于 1998 年，总部位于美丽富饶的黄河三角洲——东营市河口区。它是一家集石油化工、煤化工、物流配送、油气站连锁经营及新能源利用、房地产开发于一体的集团企业，现有员工 5500 余人。

富海集团成立以来，先后荣获全国质量标杆企业、国家高新技术企业、国家"守合同重信用"企业等荣誉称号，连续 9 年跻身中国化工企业 500 强，连续 4 年跻身中国企业 500 强。对于一家民营企业来说，这是一个非凡的成绩。富海集团是如何做到这一切的呢？

在 22 年的发展过程中，富海集团始终坚持"以信立企、以质取胜"的原则，秉承"每天超越自我，时刻追求卓越"的理念，严格管理，严格要求，不断做强做大。富海人一直肩负着"为社会创造财富，为股东创造价值，与员工共同成长，与客户携手共赢"的企业使命，坚持"以人为本"的价值观，实施协调发展、人才兴企、科技兴企，以及低成本战略，坚持"务实、高效"的企业作风。这些最终推动富海集团实现持续快速发展，成长为今天的枝繁叶茂。

如今，富海集团已发展到化工、地产、金融、服务等多个领域，业务范围已延伸至华北、华东、华中、西北、西南等中国大部分地区以及新加坡、澳大利亚、泰国等国家。未来，富海集团将致力于打造"平安、绿色、智能、开放、尽责"的领先型炼化企业，坚持"优化资源、绿色发展，做最具竞争力的能源化工平台企业"的使命，依托作为基础的千万吨级炼化平台，以创新引领能源未来，以最大的诚意和热忱为大家提供优质的产品与服务；深度整合产业链条，共同打造石化生态链，实现互利共赢，共绘美好蓝图。

✈ 员工加油

　　爱岗敬业，既能让人保住饭碗，又能让人看到未来的希望。在日本有一个流传很广泛的励志故事：日本邮政大臣野田圣子，她的第一份工作是清扫单位的卫生间。入职第一天，她面对马桶就恶心得想吐，当时的她非常讨厌这份工作。有一天，与她一起工作的一位前辈看她难受的样子，就主动提出帮助她洗马桶，把马桶洗干净以后，她还从里面盛了一杯水，当着野田圣子的面喝了下去。野田圣子非常羞愧，开始反思自己的工作态度，同样一件事，为什么别人能做得这么好？尽管自己每天来工作，但事实上心不在焉，心存厌烦，以这样的心情去做肯定会把工作搞砸。从此以后，野田圣子的态度就变了，她变得十分敬业。在必要的时候她也能够当着别人的面，把洗净的马桶里的水喝下去。

　　世界上没有哪份工作是特别糟糕的，有的只是差劲的工作态度和讨厌的人。世界上没有令人恶心的工作，只有令人不快的工作态度和令人厌恶的人。

　　心态好的人，对工作抱怨也会少。我经常听到有人抱怨工作："我快烦死了，这破工作！一点意思也没有，太没劲儿了！"后来，我仔细观察这些人，他们往往是单位里工作业绩比较差的人。那些工作业绩好的人，很少抱怨工作，他们勤勤恳恳工作，没有任何怨气，把工作当成自己生命的一部分。

纪伯伦说："你工作为的是要与大地和大地的精神一同前进。在你工作的时候，你是一管笛，从你心中吹出时光的微语，变成音乐……你们经常听人说，工作是祸殃，劳动是不幸。我却对你们说，你们工作的时候，你们完成了大地深远的梦之一部。"

如果你每天面对工作，都心存厌烦，时时刻刻在抱怨，那么不是工作害了你，就是你害了工作。员工应该把工作视为一件快乐的事，好好享受工作的乐趣。

工作缺乏耐性，这是致命的缺陷。好多人工作不认真的主要原因，还是因为缺乏耐性。耐不得任何麻烦，吃不得任何苦头，经不住任何困难，受不得任何挫折。只想着走捷径，千方百计寻找"窍门"图省事，图省力气，害怕麻烦，害怕走复杂的却是必要的程序。这是典型的浮躁心理。

我们应当学习德国工人对待工作的认真态度，学习他们的敬业精神。我们应当为那些生产假冒伪劣产品的行为而羞愧。产品质量问题，实际上体现了一个工人的工作态度，更体现了一个工人的品质。无论我们做什么工作，都应该一丝不苟、尽心尽力。浙江商人为什么能取得成功？在我看来，最主要是因为他们勤奋、敬畏、诚信和精益求精。

世界上任何困难事，怕就怕"认真"两个字，你工作不认真，那么将会有令人懊悔和痛苦的结果。工作认真负责的人，他的前途是光明的；工作马马虎虎的人，他的前途是暗淡的。

烦躁的工作心态会毁灭人生的美好。现实生活中有一些人，他们面对急剧变化的世界，心情烦躁，做工作没有耐心，缺乏恒心，急功近利，见异思迁。他们不明确工作的目标，更不知道工作的意义，每天心神不安，着急烦恼，关心的大多是"谁提升了""谁买彩票中500万元了"等话题。

有些人过于计较个人的得失，愤怒于社会中的种种不公平，生活压力又大，慢慢地他的心理就失去平衡，表现出了烦躁。心里越烦躁，工作就越马虎，越不肯踏实努力。我们应该把自己的工作做好。

在烦躁心理驱使下，一个人就没有好心情工作，不安心本职工作的现象也会变得普遍，对于个人成长而言，这并没有什么益处。在追求成功的道路上，我们需要耐心和长时间的奋斗。

职场箴言

弗雷德·史密斯：要让客户的心跟着你走

弗雷德·史密斯是美国联邦快递的创始人，他有一句名言："想称霸市场，首先要让客户的心跟着你走，然后让客户的腰包跟着你走。"无论是对自己，还是对员工，他都是用这样的理念来进行约束和管理。这句话看似简单，实际上却蕴含着深刻的道理——客户满意和客户忠诚才是企业利润可持续增长的前提，这也正是联邦快递能够获得客户认可和发展壮大的重要原因。

对于企业员工来说，"让客户的心跟着你走"同样非常重要。不要总觉得客户与自己就是工作上的利益关系，而要想到你们首先是人与人之间的关系，是有温度的关系。当你真正用心对待客户的时候，客户的心才会跟着你走。

工作必须要拿得起来

如果错过了太阳时你流泪了，那么你也要错过群星了。

——泰戈尔

命运就是对一个人的才能考验的偶然。

——莲皮杜

商道榜样

江苏金浦集团是以石油化工为核心产业、房地产开发为骨干产业，集科研、开发、生产、销售、商贸为一体的大型民营企业集团。集团拥有多家成员企业，工业综合实力在南京名列前茅。

经过多年的不懈努力，金浦集团实现了跨越式的发展，现已拥有数十家成员企业，综合产能达数百万吨。在走向现代化、国际化的进程中，集团始终坚持项目建设、产业整合、资本运营三位一体的发展战略，以形成规模化、集约化的产业体系，全面提升综合竞争实力为着眼点，锐意进取，创新超越，努力打造体现绿色、环保、循环经济特点的世界级化工产业集团。金浦集团先后被授予中国优秀民营企业、国家火炬计划重点高新技术企业、全国"双爱双评"先进企业、国家级"守合同重信用"企业等称号，董事长郭金东先生是江苏省劳动模范、江苏省非公有制经济优秀经营者、江苏省优秀企业家。

在谈到金浦的成长秘诀时，郭金东直言："人才是我们事业发展的基础，是企业的核心资源。"金浦集团能够实现跨越式的发展，正是基于一个高素质人才的团队，有一支"认同金浦、忠诚职守、具有才干"的队伍。人才，是金浦集团一直牢牢把握的发展命脉。

对此，郭金东有着自己深刻的理解，他认为，一个企业只有淘汰庸才，才能留住人才，这是人力资源管理的辩证法。只有这样，才能持续保障员工队伍的生机与活力，才能促进企业经营机制的转换和运营能力、竞争能力的不断提升。

✈ 员工加油

你有学问，你有能力，但是如果你不敬业，对工作不上心，不努力，不负责，并且经常迟到早退，丢三落四，不承担责任，那么你在单位一样地会被人瞧不起。有的人虽然学历低，但是动手能力强，对于工作认真负责，那么他最终会获得大家的认可，获得大家的尊敬。

你轻视工作，实际上是你在轻视自己。在单位被别人瞧得起还是瞧不起与一个人的学历和能力没有多大的关系，却与一个人的工作态度、敬业与否等因素有很大的关系。如果你的学历水平一般，但是工作干劲十足，那照样能受到人们的尊重。

一个人的工作态度决定其被人们尊敬还是被鄙视。有能力而不敬业的人，在工作上是没有出路的。因为任何一个单位都不会用一个不敬业、不肯承担责任的人。

要干，就要干出名堂来。好多人一生平庸无奈，什么成就也没有，主要是因为没有保持好的心态。不是热爱工作，而是厌烦工作。把工作等同于混日子，于是一辈子就在"混"中浪费了。

我们附近有一家理发店，生意非常火爆，人气很足。因为这家理发店价钱公道，服务态度好，更重要的是店里有一个理发师手艺非常高超，人也十分亲切。于是，回头客不断，我去理发经常要等候。不远处也有一家理发店，却是门可罗雀，一点人气都没有，这形成了强烈的反差。为什么会有这样的差别？原因是那家理发店并不是正经理发的。价钱不公道，服务态度也差，来一个客人，"坑"一个客人，自然恶名在外。我曾经问过生意热门的这家理发店的理发师："为什么你的手艺这么好？"他说："即使我干理发这一行，我也要变成最优秀的理发师。做人必须有志气，要干，就要干出名堂来！"

我们要保持不骄不躁的心态。社会学家经过研究发现：那些所谓的世界上一流的人才，其人生大多是不成功的。这是为什么呢？因为他们的心态不好，工作态度不够认真，总认为自己是最聪明的人，就容易犯别人不会犯的致命错误。

社会学家经过研究还发现：世界上两种人最容易遭遇人生的失败：一种是盲目骄傲自大，认为自己很能干，自己的工作能力很强，于是经常瞧不起他人，引得大家讨厌，烦其自视甚高；另外一种是不思进取，工作拖拖拉拉，整天懒惰糊涂的人。

低调做人，认真工作，这是永恒的人生法则。不能工作还没有做，就趾高气扬，认为自己就是单位的大人才，没有自己，天就要塌下来了。遇到工作问题，在深刻检查自己之前，就说是别人的原因，那怎么能够进步？

我们要学习蚂蚁的哲学。蚂蚁的哲学包括四个方面："第一，蚂蚁从来不放弃。即使它们处于最困难、最艰难的时刻，它们也不会轻易动摇和放弃。此路不能通过，就积极地去寻找另外一条路。它们不会把时间浪费在抱怨上。第二，蚂蚁在衣食无愁的夏天，就为将要到来的冬天做积极的准备。它们永远不会去埋怨寒冷的天气，而是深谋远虑地奋斗。第三，蚂蚁虽然身处冬天，但是它们一点都不悲观，只要天气一变暖和，它们就积极地从洞里爬出来。它们不会永远等待，而是不断寻找机会。第四，蚂蚁总是全力以赴去工作，为过冬而积极努力。"

我们人类应该向蚂蚁学习，学习它们简单而高效的生存哲学："从来不放弃；深谋远虑地奋斗；积极寻找机会；全力以赴去工作。"

梁庆德：把别人讽刺自己的话刻下来

梁庆德是格兰仕的创始人。与大多数企业家不同，他41岁才开始创业，54岁还在考虑转型。1992年，55岁的梁庆德开创格兰仕品牌，生产微波炉，1年之后，因销量不足1万台而成为行业笑柄。梁庆德并没有被这些嘲笑击倒，反而让人把这些话刻在一块牌子上，挂在工厂大门前，时刻激励自己。

1994年，格兰仕产销10万台微波炉；1995年，格兰仕成为行业冠军；1998年，格兰仕大举进入国际市场；2013年，格兰仕电器总销售额达到450亿元；2019年，格兰仕垄断了全球50%的微波炉市场。如果把格兰仕如今取得的成绩和当初别人讽刺梁庆德的话刻在一起，恐怕我们将看到世界上最励志的故事之一。

不要拒绝平凡的工作

天才不能使人不必工作，不能代替劳动。要发展天才，必须长时间地学习和高度紧张地工作。人越有天才，他面临的任务也越复杂，越重要。

——阿·斯米尔诺夫

从工作里爱了生命，就是通彻了生命最深的秘密。

——纪伯伦

📂 商道榜样

深圳市大富科技股份有限公司成立于 2001 年，是一家集产品研发、生产和销售为一体的国家级高新技术企业，在国内外大中型城市设有十余处研发中心及生产基地。公司聚焦移动通信、智能终端、汽车等主营业务，现已与华为、爱立信、康普、苹果、博世等全球知名企业建立了稳定的合作关系。

大富科技致力于打造"从硬件到软件，从部件到系统"的具备垂直整合能力的三大平台：机电共性制造平台、工业装备技术平台、网络工业设计平台；致力于成为移动通信时代全球领先的射频器件及移动终端器件提供商。通过不断完善横向通用技术的综合融通能力，强化自主创新的研究开发和纵向一体化精密制造的能力，最终成为端到端网络工业技术提供商。

随着 5G 网络技术的快速发展和广泛应用，世界正处于下一场技术革命的新阶段。大富科技深知 5G 和物联网融合所带来的巨大商机，以目前拥有的科技、工业、健康、教育、文化五个战略支柱，作为进入 5G 和物联网生态圈的有力支撑。

在不远的将来，由 5G 驱动未来的共享经济，将开创空前的经济大繁荣局面，大富科技将以此为发展契机，致力于提供最先进的技术、最完善的解决方案和最优质的产业服务，同时推动社会的可持续发展以及企业社会责任的最大化。

员工加油

"最好不要在夕阳西下的时候去幻想什么，而要在旭日初升的时候即投入工作。"好多年轻人刚走上社会时，都怀着远大的理想，希望到机关或者大单位工作，有一个好的工作岗位，认为自己在那样的起点，才能够实现心中的理想。有理想，有抱负，这本身不是错，问题是不能因此进入人生的误区。

伟大的事业始于平凡的工作。许多人总是渴望在重要的岗位，做重要的工作。可是，大多数年轻人没有什么经验，还是会在平凡的工作岗位上开始其工作经历。如果年轻人不理解这样的道理，认为那是单位不重视自己，轻视自己，于是不断地"跳槽"，认为换一份工作就既可以证明自己的能力，又可以找到自己的理想。但是，实际上这种浮躁的心理对于年轻人的成长并没有什么好处。

重要的工作干不了，平凡的工作又不愿意干，这样的心态并不健全。其实在平凡的工作中，就有好多机会和希望。企业不养闲人，你到单位工作，就是来解决问题的。

有人说："精神健康的人，总是努力地工作及爱人，只要能做到这两件事，其他的事就没有什么困难。"对于工作不要挑三拣四，免得忙来忙去一场空。一只狐狸看到葡萄园里的葡萄藤上挂满了成熟的葡萄，直流口水。于是，它钻过篱笆，猛吃了一通。可是，当它吃饱后想钻过篱笆出来时，却发现因为自己的体形膨胀了，篱笆之间的空间已不容许通过。结果它只能退回来，躲避在葡萄园的一旁，饿了整整三天，才把体重减到原来的水平。这样，它才得以安全地返回。但是，过了几天，狐狸又嘴馋了。于是，它又钻过葡萄园里的篱笆，对着美味的葡萄猛吃了一通。结果还是一样，它还是逃不出来。

工作是一个人价值、欢乐的所在，也是一个人幸福之所在。有的人虽然表面看来忙忙碌碌，一点没有空闲，但实际上却不知道在忙些什么，根本没有产出什么实质性的成果。

哀莫大于心死。从心底里瞧不起自己，从心灵深处彻底否定自己，认为自己没有一点社会价值，没有掌握一点生存和工作技能，不能胜任任何工作，这是世界上最悲哀的事情。你越是害怕社会的复杂，越是害怕工作的艰难，越是心浮气躁，就越做不好工作。

其实，打开工作之门的钥匙永远在自己的手里，而不在别人那里。对待任何工作，都需要有"从战略上藐视，从战术上重视"的策略。不怕什么困难，不怕什么矛盾。只要你胆大心细地去干，工作就会变得简单，那些所谓的困难和矛盾就会不翼而飞。做任何工作，首先是端正自己的工作态度，保持一个良好的心态。不要工作还没有开始做，就自己否定自己，低看自己。

我们应通过内心的努力来改变自己。要想安身立命，要想在工作中取得成绩，在事业上取得成就，就应该从改变自己的内心开始。因为一个人内心的烦躁，内心的矛盾，内心的不安，会使工作不顺，命运不幸。而一个人内心的平和，内心的安详，内心的宁静，则会使工作顺利，命运美丽。

懊悔于自己的过错，愤怒于生活的不如意，烦恼于工作的种种困难，那是愚蠢的。最重要的是调整内心世界，让自己的内心觉悟起来。我们不用叹息，不用焦虑，更不用抱怨，从自己的内心入手，认真审视自己，这样一来，就能够使糟糕的命运得到改变。

114

愚蠢的人总是认为，人生的一切都是上天安排的，我们只是遵循命运的规律而已。但智慧的人会认为，人生的一切都是从改变自己的内心开始的。

职场箴言

巴菲特：投资自己，把握机遇

素有"股神"之称的巴菲特，一直以来被商界视为传奇。相对于其他成功人士，巴菲特更喜欢提携后进，给年轻人提出充满智慧的忠告。下面便是他为年轻人列出的九条忠告：

第一，尽情投资自己；第二，尽早改掉坏习惯；第三，清楚自己的能力范围；第四，热爱你的工作，否则就找一份热爱的工作；第五，找一位好导师；第六，直视恐惧并战胜它们；第七，别浪费你最宝贵的资源——时间；第八，学会反思；最后一条，把握机遇。

平和心态，不要自视甚高

身强力壮的，固然是幸福；然而聪明智慧的，还要幸福数倍！

——克雷洛夫

敏感并不是智慧的证明，傻瓜甚至疯子有时也会格外敏感。

——普希金

商道榜样

龚云定，现为新京集团有限公司董事长。有人问他，20多年的创业生涯，最大的收获是什么？如果用一个字来进行概括，龚云定认为可以用他名字中的那个"定"字。

龚云定学的是土木建筑专业，毕业后在房地产行业一干就是10年。对行业趋势高度敏锐的他，意识到未来中国的房地产市场将面临巨大机遇。于是，在 30 岁出头的时候，他便想尽办法筹集资金，走上自主创业之路，并很快在房地产行业闯出一片天地。从宁波到连云港，从重庆到沈阳，从海南到北京，新京集团一路开拓，发展轨迹遍布全国。

然而，就在房地产事业如日中天的时候，龚云定却决定适可而止。他又一次敏锐地察觉，与自己所从事的房地产行业最接近的，是养老产业。尽管养老产业市场还未成熟，但他认为：老龄化将带动未来养老、养生、医疗、康复等产业井喷式发展。于是，在他的带动下，新京集团一个又一个养老产业项目拔地而起。"人人都会老，自己也要老，做养老产业，是积德，我愿意耐心等待这个市场慢慢形成。"龚云定说。

"人生达到一定境界后，会志向坚定，有了坚定的志向，才会镇静不躁、心安理得、思虑周详，最后有所收获。这个收获不仅仅指物质，更指精神上的。"龚云定这样解读自己的名字，这又何尝不是他的创业心得和人生智慧呢？

员工加油

"快跑的未必能赢，力战的未必得胜，智慧的未必得粮食，明哲的未必得资财，灵巧的未必得喜悦。所临到众人的，是在乎当时的机会。"做人要克服两个极端：一是一味的自卑，自己瞧不起自己，比如认为别人学历比自己高，工作经验比自己多，工作能力比自己强，家庭背景比自己好，等等；要么是一味的自傲，自己瞧不起别人，比如认为自己的学历比别人高，工作经验比别人丰富，工作能力比别人强，于是经常表现得不可一世。

自卑失志，自大失德，二者都不可取。在工作中时时觉得自卑，这是典型的消极心态。其实，自卑自伤自哀，容易让人患上抑郁症。与其让自己生病，还不如积极生活，以积极的心态工作。同样的工作，态度不同，其效果完全不一样。认为自己了不起，经常瞧不起别人，那结果是失去大多数的同事，使自己变成尴尬的孤家寡人，最后被大家无情地抛弃。

精明的人是精细考虑自己利益的人，智慧的人是精细考虑他人利益的人。世界上的良药，每种大概只能治愈一种疾病。但是心灵的良药，一个人的智慧与宽容，却可治愈工作中绝大多数的疾病和烦恼。成功人士拥有几项法宝：高人指点，贵人帮助，自己努力，小人监督，亲友鼓励。"自知为愚者的愚者并不愚蠢；自以为聪明的愚者却是愚者中之愚者……每一个人都是你的导师。慈悲的人教授慈悲之道，横蛮的人教授忍辱之道。"

频繁"跳槽"得不偿失。俗话说："男怕入错行，女怕嫁错郎。"但是，即使对于自认为"入错行"的工作，一个人也要有好的心态。辩证来看，事情都有两个方面，一方面是有利的，另外一方面是不利的。即使是自己"入对行"的工作，也会有让自己烦恼的时刻。

那种自己认为"入错行"的工作其实并不是一无是处。

当今社会，就业压力很大，常常一个工作岗位，就有千百人竞争，所以要想获得一个理想的工作，实在是非常难的事情。在目前严峻的就业压力下，我们必须要有一个良好的心态，千万不要对工作挑三拣四，否则为待业和生存烦恼的仍旧是自己。踏踏实实，智慧人生，是你递给他人最好的名片。

许多人不想勤奋工作，只想赚快钱，结果反而惨败。疫情期间，在搜索引擎、聊天软件、资讯类应用、短视频或直播平台经常会出现"网络兼职刷单，足不出户，轻松赚钱"等广告。看到类似信息，有人抱着兼职赚钱的心态点进去，没想到一步步被诱导掉入陷阱。在最新的网络赌局中，从外部平台"拉客"到内部导师"陪练"，都已经形成了一套庄家体系。在这些诱惑面前，我们必须明白天上不会掉馅饼。

保持良好的心态，人生之路就顺利得多。不管在什么样的工作环境下，都应该保持平和的心态，兢兢业业做好每一项事情，长久坚持下去一定能够获得人生的成功。以平和的心态对待工作，对待同事，就会清除许多不良欲望。能够保持平常之心，就不会去乱攀比，更不会虚荣，而是不烦不急，朝着自己的目标坚定地走下去。

为什么有的人其工作境遇大起大落，一会儿红得发紫，另一会儿又陷入地狱般的深渊？实际上，深层次的原因还是因为这个人的心态没有把握好，个人的修为不够，从而导致人生之路出现偏差。为什么有的人工作经常变动，一会儿去这个单位，一会儿又去那个单位，结果什么工作都做不好？实际上，这也是一个心态问题。控制好自己的情绪，保持良好的心态，不愤怒，不烦恼，不郁闷，提高道德修养，心平气和地度过时光。随着社会的变化，不断自觉地调整自己的心态，做好手中的工作。个人的口碑，也是从每天良好的工作开始的。

许家印："跳槽"要有意义

1997 年，许家印进行了他人生中的一次意义重大的"跳槽"，转而自主创业，这样才有了后来的恒大。

那一次"跳槽"，许家印在临走时向老板提出了自己的观点：一个人的价值，应该体现出他的能力水平与贡献。许家印离职之际，他负责的项目经过审计，价值达两个多亿，也就是说，他从零开始为公司创造了两个多亿的价值，而在当时，他的工资是每月 3000多元。"我这个人要强，该我做的事我会做好，没做好是一回事，但做好了就要有体现。"许家印说，他的出走与现在"80 后""90 后"的频繁"跳槽"不同，"他们跳得太多，已经没有了意义。"

珍惜现在的工作

必须记住我们学习的时间是有限的。时间有限，不只是由于人生短促，更由于人事纷繁。我们应该力求把我们所有的时间用去做最有益的事情。

——斯宾塞

时间就是性命。无端的空耗别人的时间，其实是无异于谋财害命的。

——鲁迅

商道榜样

吴建光，温州人，中国民主同盟温州市文化总支部主委、中国电影家学会会员、浙江省电影家协会主席团委员、温州电影家协会副主席、温州朗诵艺术家学会副会长。从事艺术工作20余年，担任过《狂生徐文长》《蚕乡恩怨》《九姓渔民》等20余部影视剧男主角，曾获"牡丹奖""飞天奖"，成功举办了《风雨无阻》周华健

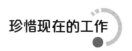

温州个人演唱会。2005 年，他创立温州氡泉旅游置业有限公司并担任总经理，开发建设氡泉旅游文化休闲中心项目。

有人说："艺术家天生就是企业家"。吴建光以一种追求完美的艺术精神，对理想执着追求的精神，倾尽 10 年，打造养生福地——温州氡泉旅游文化休闲中心，如今一期项目已建成。10 多年的创业历程，其中酸甜苦辣可想而知，但更多的是骄傲！

氡泉旅游文化休闲中心项目以"养生保健、商务休闲"为主题，以天然温泉的保健养生功能开发为核心，建设以养生保健和商务休闲为主体，自然山水观光、乡村度假旅游、体育运动建设等为特色的综合休闲旅游区。该项目 2012 年被评为浙江省重点建设项目。公司 2013 年成为中国温泉协会常务理事单位，吴建光个人连续两年荣获华东温泉杰出贡献奖。

曾有人问他："10 多年时间，你是怎么坚持下来的？"他说："来到泰顺的第一感受是这里的空气实在是太好了，每天清晨醒来就能呼吸到甜美的空气，所有的工作烦恼都烟消云散。10 多年的坚持确实不易，但心里一直有个梦，希望将项目真正打造成'养生福地'，让来旅游的人体会到'养生幸福地，欢乐莲云谷'的真正含义，体验不一样的养生之道。"

◁ 员工加油

只有快乐的人，才懂得珍惜今天，也只有珍惜今天的人，才会是快乐的人。人生什么东西是最重要的？那就是今天的人、今天的事和今天的心态。今天的人做好了，大家在一起就和睦。今天的工作和事情做好了，明天才有希望。今天的心态好，才不会有烦恼和不安。"最难打开的门是心门，最难走的路是心路，最难过的桥是心桥，最难调整的是心态。"如果一个人整天讨厌甚至放弃现在的工作，寄希望于明天能够寻找到满意的工作，那么其工作状态肯定是糟糕的，其工作态度肯定是恶劣的，其工作结果也往往是一塌糊涂的。

只有珍惜现在这份来之不易的工作，一个人才能去珍惜生活，为生活努力，否则会身在福中不知福。一天到晚去瞎折腾，最后总是害了自己，到懊悔的时候已经来不及了。不同的态度，会产生不同的结果。倘若你讨厌这份工作，那么工作时就必然没有好的情绪，更不会有热情，你也只能在烦恼中挣扎。

复工就是稳就业，复产就是稳经济。新冠肺炎疫情后，有媒体陆续报道："复工复产，激活就业大市场。""终于能上班了，有活儿干，感觉真好！"在湖北老家度过超长"假期"，有员工重返工作岗位时感恩地说："我们公司生产婴儿车，每个月100多万台的订单，接下来几个月都会很忙，公司还在招新人！""终于收到录取信，心里这叫一个踏实！"有应届毕业生在 2020 年 3 月底得到了心仪的工作机会，原本所担心的疫情会"阻挠"求职路，好在面试、实习各项招聘流程仍然正常推进，只是部分环节变个形式，从线下转到线上。

2020 年的春天虽然艰难，许多人奔走在求职、返岗路上，但是，我们也看到一些好的消息，比如"三峡集团启动风电'超级工程'，25 个新能源项目释放岗位 1.7 万个；川藏铁路、京沈高铁工程建设不停步，活跃着奋斗者的身影……重大工程开工复工、重点项目铿锵突进，激活着就业大市场"，这些消息令人鼓舞，令人振奋。

有一个故事令人深受启发："某寺门前有一片荒地，什么都不长。双目失明的大师没有把荒地当成荒地，在别人诵读经书，渴望做方丈时，他却摸着锄头垦荒，一锄一锄地，播下一粒粒花种。日复一日，他一有空就到荒地上忙碌，那些耳聪目明的人以为他有病。然而，花种发芽了，长了茎，绿了叶，花蕾全部绽开，和尚们看到这一切，全都呆了。只有大师很平静，他是瞎子，无论多美的花，他都无法看到。他之所以把荒地变成花圃，只是为了给别人看，让别人明白：在一个瞎子面前，其实没有荒地。"一个人无论在什么环境下工作，不管身处顺境，还是逆境，都应该心平气和地工作、生活。这是人生大智慧。

有个著名的企业家告诉我："什么是好员工？好员工一是人品好，二是工作态度好，而后才是技能好。"调整自己的心态，控制自己的情绪，等于控制自己的命运。不同的时候，需要不同的心态。比如工作的时候应当心神专一，排除个人的私心杂念，从容地处理工作中的事务。比如休息的时候应当身心安泰，养心安神，充分享受那些难得的快乐时光。内心充实，不断提升道德修养，这样就能够从容不迫。

爱因斯坦曾经说过："一个人的真正价值，首先取决于他在什么程度上和在什么意义上从自我解放出来。"实际上，自我的解放的意思，就是把自我从消极心态中解放出来。如果一个人把烦躁清除了，那么其幸福的感觉也就马上来到了。

谁不能控制自己的心态，谁就无法控制自己的命运。改变自己浮躁的工作心态，就能够获得美好的命运，这不是一句空话，而是被无数人证明过的事实。世界有两难：一是改变别人，二是改变自己。改变别人很痛苦，那就改变自己。要改变别人，先改变自己！改变自己，从珍惜今天的工作开始！

职场箴言

曹德旺：上善若水，厚德载物

曹德旺是一位草根逆袭的企业家，他9岁才上学，14岁就被迫辍学。为了谋生，他几乎做过一切可能的生意。直到1983年，曹德旺承包了一家年年亏损的乡镇小厂，经过苦心经营，最终成了今天享誉世界的福耀玻璃。

曹德旺被称为"玻璃大王"，也被誉为"中国首善"。据胡润慈善榜统计，从1983年第一次捐款开始，曹德旺累计个人捐款已达110亿元。2010年，曹德旺捐出价值35.49亿元的公司股权成立了河仁慈善基金会。这个基金会以他父亲的名字命名，意为"上善若水，厚德载物"。以父亲名字命名基金会也表现出曹德旺对父亲的感恩和怀念。可以说，父母对曹德旺的言传身教，奠定了曹德旺的人生境界和格局。

乐观对待工作的困难环境

生命苦短，但这既不能阻止我们享受生活的乐趣，也不会使我们因其充满艰辛而庆幸其短暂。

——沃维纳格

使你自己有更多更多工作，使你习惯于工作。这是人生快乐的第一个条件。

——罗曼·罗兰

🎒 商道榜样

郝光辉，穗甫融信创始人，毕业于北京大学光华管理学院，是中国最早一批从事不良资产处置的专业人士，从业逾 20 年，具有全方位的不良资产管理和处置经验。

从公司成立的第一天起，郝光辉就明确公司要专心、专注于不良资产领域，紧紧围绕自身的核心竞争优势开展业务，进而打造出一个不良资产领域全产业链的专业化机构。他们既可以做不良资产的投资，也可以做不良资产的专业化服务和管理，还可以做不良资产后端的重组、并购和提升。他们把自己定位为一个基于对不良资产行业有着深刻理解而着力拓展全产业链的综合性不良资产运营服务商。

"我们不会仅仅止步于做一个单纯的投资人，而是致力于做一个产业的打造者；我们不会局限于某一区域，而是要做一个服务全国的机构。"郝光辉说。

自2016年成立以来，穗甬融信已经形成了遍布全国主要经济区域的业务网络，具备在15个省市开展业务的能力。在这15个省市中均已设有机构和团队，在其中12个省市已经完成了不良资产的收购投放，在某些区域也为外部机构提供专业的不良资产处置服务。这一业务网络的打造初步体现了穗甬融信产业链的雏形。

面对未来，郝光辉认为，不良资产这一轮大的周期还远远没有结束，并且市场会越来越认识到专业团队的力量，只有处理能力过硬的机构才能真正走到最后。而他和他麾下的穗甬融信，立志成为走到最后的人。

员工加油

不同的心态，会决定一个人过上乐观的人生还是悲观的人生。

心态好，则态度乐观；心态坏，则态度悲观。乐观的人，即使进入一个环境非常糟糕的工作单位，也能发现好多美好的东西，更能够团结一大帮同事，让自己不断快乐地走出困难的环境。悲观的人，即使进入一个非常好的工作单位，也不能发现让自己高兴的东西，更感觉没有一个同事可以作为朋友。

微笑面对不好的工作环境，要比哭丧着脸面对同样的工作环境，更有智慧和勇气。不管工作环境如何，我们的心态首先要好。坦然接受挫折，要比悲伤被动接受挫折，显得高明。心灵的力量是巨大的，你只要积极去思考，积极去努力，那么厄运也会变成好运气。

有一个叫"无用的石头和有用的砖头"的故事很有意思。一老翁向智者讨教：我今年百岁，一直是游手好闲地轻松度日，那些与我同龄的人纷纷作古，他们开垦沃田却没有一席之地，修万里长城而未享华盖，我是不是可以嘲笑他们忙忙碌碌劳作一生，只是给自己换来一个早逝呢？智者听了，找来砖头和石头，请老翁和众人选择，人们都纷纷要砖头不要石头。智者释然而笑："石头寿命长人们却不选择它，砖头寿命短，人们却选择它，不过是有用和没用罢了。天地万物莫不如此。寿虽短，于人于天有益，天人择之，皆念之，短亦不短；寿虽长，于人于天无用，天人皆摒弃，倏忽忘之，长亦是短啊。"老翁大惭。

即使在不愉快的工作环境中，也要有笑容，而且这笑容要像冬天的阳光一样温暖。我们工作再困难，也要做"有用的砖头"。卡耐基先生善意地忠告大家："要使别人喜欢你，首先你得改变对人的态度，把精神放得轻松一点。表情自然，笑容可掬，这样别人就会对你产生喜爱的感觉了。"同样的道理，要使工作有成绩，你首先得改变对工作的看法，把热情、认真和敬业的工作态度树立起来。

笑容像阳光一样灿烂的人，工作肯定愉快，心情自然良好，快乐工作可以创造正面的工作效果。倘若一个人在工作的时候，忧愁满脸，阴气沉沉的，那么不但同事难受，而且会把工作变得毫无生气。笑容让工作充满阳光，让世界充满欢乐。工作时光知道严肃，不知道微笑，那是可悲的。我们一定要微笑起来，一定要愉悦起来。一个人的心情好了，他的工作自然就顺利了。

我们每天都要有好心情去工作。我们可以在内心安置一盏心灯，让它时刻温暖、照亮自己，清除烦恼和不快，每天能够开开心心，愉快地去工作。疫情期间，有媒体报道："武汉市肺科医院ICU'00后'护士刘鸣已经和同事们连续奋战了90多天，她说，这场战斗仍在继续，她要拼尽全力，给予更多患者生的希望。""21岁的梁顺是武汉金银潭医院最年轻的护士，这个一直被前辈们呵护的大男孩从去年12月29日开始到现在，已经在ICU病房坚持抗疫3个多月。"这些人的工作精神实在让人钦佩。

有一天，我因为写作时间长了，感觉脖子胀疼，就去一家口碑极好的盲人按摩店做推拿。一个男推拿师给我做肩部推拿。他虽然看不见，但是微笑十分灿烂，并且工作时的心情很好。久而久之，他的微笑、他的好心情感染了我。

于是，我就成了他的回头客。他们是按照服务过的人数计算工资的，多劳多得。后来我得知这位灿烂微笑、工作认真的盲人收入是最高的。工作的态度问题，其实是个很重要的问题。你苦着脸工作，与微笑着工作，产生的结果完全不一样。人灿烂，工作自然也灿烂。

在别人眼里，每个人可能都是"怪物"。你越在乎他人的眼光，就越会烦恼不已。乐观、安心做自己的事情，其他的东西无需多关注。人多会善待自己的过失，更会宽恕自己的不足，而对别人的过错则深感痛恶；对自己的言行宽容放纵，但对别人的言行却会耿耿于怀。这种对己宽对人严的思维，导致了人人都是"怪物"的现象，那么我们在工作中还要去在乎别人的奇谈怪论吗？其实只要行得正，工作干得好，就不怕别人指指点点，我们完全可以勇敢地走自己的路。时间一长,困难的工作环境就慢慢变得容易了。

林聪颖：坚持下去才能成就自己

林聪颖是九牧王的创始人。20世纪80年代，做粮食生意失败的林聪颖负债累累，但他依然没有放弃，选择在服装领域继续创业。在家人反对、资金紧张、没有设备和技术等一大堆困难面前，林聪颖咬着牙一一解决，没有钱就找亲友东拼西凑，没有设备就让工人自己带缝纫机、剪刀甚至凳子，没有技术就请来老裁缝培训员工。就这样，九牧王的前身诞生了。

大多数服装厂一开始都会亏损，林聪颖再一次选择了咬牙坚持。最终，在他的努力下，九牧王品牌诞生了，并靠着良好的质量和口碑迅速占领全国市场。回顾林聪颖的创业经历，如果没有他的一再坚持，就肯定不会有今天的成绩。

拥有良好的工作习惯

习惯如果不加抗拒，很快变成必需品。

——奥古斯丁

习惯是一个人思想与行为的领导者。

——爱默生

商道榜样

　　富龙控股是一家集城镇运营、商业、酒店、金融、能源、传媒、教育为一体的多元化产业集团，自 1998 年创立以来，积极践行国家战略，实行国际化发展战略，秉承着"诚以立信，富而思进"的企业理念，布局全国，放眼国际。

　　富龙控股在坚持产业多元化发展战略的同时，即预见中国经济发展大势，2007 年在国内新型城镇建设尚处于空白之时，富龙控股就先期涉足了新型城镇的开发建设。2014 年，富龙控股成功注册新型城镇运营商和品牌服务商品牌，成为国内首个国家认证的新型城镇运营商品牌。在城镇建设中以资本运作、项目运营和产业导入为手段，整合土地资源，提升区域价值，已成功布局北京、天津、深圳、河北、山西、四川、贵州、海南等地，一个遍布全国的城镇运营体系正在逐步完成。2017 年，富龙控股再次敢为天下先，主导编写《中国滑雪小镇白皮书》，并于 2018 年正式发布，不断探索冰雪小镇四季运营模式，为中国新型城镇运营和品牌服务提供诸多借鉴意义和规划方向。

未来，富龙控股将凭借准确的战略规划、优秀的管理能力、专业的市场运作和不断深化的品牌影响力，不断发展，继续为实现成为全国最具影响力的新型城镇运营商和品牌服务商的企业愿景而不懈努力。

员工加油

良好的工作习惯形成优秀的性格，而优秀的性格决定美好的命运。反过来，则会习闲成懒，习懒成病。

我们要管理好自己的工作时间。不能管理时间的人，也不能把握自己，更不能做好自己的工作。比如做事情喜欢拖拉，工作没有计划，不分主要和次要，经常与别人闲聊，不会拒绝他人的不合理要求，为别人忙碌，等等，这些就是典型的不能管理自己的时间的现象。

时间就是生命，时间就是效率，时间就是金钱。一寸光阴一寸金，浪费时间，就是浪费生命。我们要安排好自己的工作计划，安排好自己的工作时间。先了解每一件事情的性质，然后适当安排好工作进度，既不仓促，又不拖延。

一个成功人士，必定是管理时间的高手，他不会让工作计划变得毫无意义。我们要提高对时间管理的认识，严格管理好自己的工作时间。

管理时间的第一要义是主次分明，首先做重要的事情。对于工作，我们必须明白轻重缓急，分清楚什么是重要的事情，哪些是必须马上要办的，哪些是次要的事情，可以退后一步再做的。"要事第一"，这是我们工作的首要原则。如果我们为了所谓的自我表现、自我激励，首先做那些不着急的事情，那么从表面看我们天天在忙碌，但事实上是没有一点工作成效，因为我们没有抓住工作的主要矛盾。

是否知道什么是最重要的事情，是否马上就办，这也是衡量一个人工作水平高低的标准。工作能力强的人，每天一上班，首先处理要事，哪怕要事很困难，很棘手，也会迎难而上。不分工作轻重缓急，按照既定顺序按部就班进行，实际上是低能无效的表现。在做事情之前，要判断其重要的程度，是马上需要办的，还是可以放一放，这样的良好习惯有利于提高我们的工作效率和水平。

管理时间的第二点要义是与人约定，就要准时赴约。守时间和守信用，是一个人必须具备的品质。与人约定会面，是日常工作和生活中经常发生的事情。可是一旦事先约定了，又以各种借口迟到或者推托不去会面，那么即使这个人是自己的朋友，别人也会不高兴。时间长了，一个人的名誉容易被损害。

准时赴约，是一种好习惯，更是一种美德。迟到，实际上是对他人的不尊重。如果因为交通拥挤等原因，无法及时赶到，也要礼貌地告诉对方，"我可能要晚到一些时间"，向对方表示抱歉之意。这也是一个人素质的体现。没有时间概念的人，不可能获得别人的信任和重用。除非你不与人约定，否则你一定要准时赴约。不遵守时间，不能准时赴约的后果是以后没有人会与你打交道，因为你无法赢得别人的尊重和信任。

第三点是会打电话，通话必须简洁。我们每天的工作肯定离不开电话，可是我们中好多人不一定会打电话。有时候，电话会给我们带来快乐。但是，有时候电话也会给我们带来麻烦和烦恼。很多人既喜欢听到电话里来的好消息，又害怕被电话干扰。因此，要初步分析和掌握电话双方的心理。学会艺术地打电话，在工作中是非常重要的。许多人简单地认为，打电话有什么好学习的，无非就是接不接的问题。这是错误的想法。另外，我们在当下还要学会科学使用微信、互联网办公技术等。

脸带微笑，让人通过电波感觉你的热情；开门见山说话，简洁表达，不要拖泥带水；先谈论重要的事情，而后可以说几句无关紧要的话，不要轻易用电话铃声去骚扰他人。一般来说，尽量不要把工作问题往别人的家中带。最好不要在晚上轻易往人家家里打电话。

最后一点是遵守工作的纪律，遵守法律法规，保守秘密。罗西在《高贵的自由》中说："学会平视权威，你会变得气宇轩昂，即高贵；学会尊重法律，你会活得心安理得，即自由。"今天的工作不重视，今天的工作纪律不遵守，你就不可能活得心安理得。没有规矩，不成方圆，遵守工作纪律，是一个人起码的道德规范。

比尔·鲍尔曼：自己就是胜利者

比尔·鲍尔曼是耐克品牌的创始人。"耐克"在希腊语中的含义是"代表胜利的神"，它与耐克的企业精神完美契合。耐克的产品总是与最优秀的体育英雄相结合，这让消费者感觉到，只要穿上耐克品牌，自己就是胜利者。

在耐克的发展轨迹上，胜利者的意识形态并不仅仅只是作为品牌精神在外部传播，同时也作为企业精神根植于组织内部。让耐克成为胜利者的精神和信仰，鲍尔曼牢牢抓住这一点，成功创造了牢固而非凡的企业文化。通常情况下，耐克根本不需要用产品和品质来说服任何人，也不需要营业员促销产品——仅仅凭着卡尔·刘易斯穿着耐克鞋摘取奥运金牌的瞬间，就足以让客户争相购买耐克的产品。

要有明确的工作目标

在一个崇高的目标支持下，不停地工作，即使慢，也一定会获得成功。

——爱因斯坦

一个崇高的目标，只要不渝地追求，就会成为壮举。

——华兹华斯

商道榜样

　　朱召法出生于宁波的一个小渔村，他的人生，总是在不断地践行着"舍"与"得"的智慧。树舍夏花，得硕实秋果；溪舍自我，得以汇入江河。他深谙此道，才能在一波又一波的经济浪潮中，不断创新，不断前行。

　　1987 年，朱召法从成都科技大学毕业，被分配到国家信息中心。

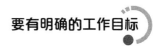

由于表现突出，第二年就被派到日本进修。归国前，一家日本公司开出 40 万日元月薪挽留，被他婉言谢绝。他说："我是中国人，我的舞台在中国。"

回国后，朱召法成为国家信息中心既懂英文又懂日文的 IT 骨干，26 岁就破格升为处长。就在工作顺风顺水的时候，朱召法却辞官"下海"。

1999 年，"互联网泡沫破灭论"正喧嚣一时，朱召法逆风而上，白手起家，在北京成立蓝帆科技，从事互联网检索技术。2002 年，蓝帆科技在香港联交所成功上市。

朱召法没有止步于此，2003 年，他与中国石化共同成立东海蓝帆科技有限公司，专注石化行业智能化。17 年的坚守与创新，东海蓝帆已经成长为石化行业智能工厂领域的旗舰，持续为镇海炼化等特大型企业保驾护航。

2004 年，朱召法舍下安逸，再次走上创业之路。这一次，他创办了东海软件（后更名为"东蓝数码"），从事政务信息化领域的工作，并于 2012 年开启 PPP 模式建设智慧城市的先河。东海软件于 2008 年成功登陆伦敦证券交易所。

现在，已经斩获香港优才、国家"万人计划"专家、宁波市特优人才、十大风云甬商等荣誉称号的朱召法又开始了新的征程，跨界"互联网＋金融＋大健康"，筹建长期护理保险公司。

员工加油

托尔斯泰说："要有生活目标，一辈子的目标，一段时期的目标，一个阶段的目标，一年的目标，一个月的目标，一个星期的目标，一天的目标，一个小时的目标，一分钟的目标。"人生应当有目标，否则你的人生会一事无成。工作应当有目标，否则你的工作会无所成就。我们应该制订什么样的目标呢？按照"确定有效目标的 SMART 原则"，我们制订的目标应该是"具体的，切实可行的，而且可以计量的，有一定的时间限制，期望的目标结果"。

因此，我们在制订工作的目标时，特别要注意以下两点：一是遵守"可以计量的"原则，二是遵守"有一定的时间限制"的原则。如果目标没有时间的限制，那么目标就没有什么意义。当然，有的目标太大，我们可以把它分割成几个小目标，这样会更容易实现。工作必须要有切实可行的目标，否则我们的一切准备和时间都会被浪费。人生必须有可行的奋斗目标，否则我们的一切努力都会白费。

心动不如行动。再多的语言，也不如自己赶快行动。好多人喜欢做周密的计划，更喜欢豪言壮语，但是没有自己坚决的行动，这一切都是空的。实际上，"拖延等于死亡"。工作时总是畏首畏尾，瞻前顾后，缩手缩脚，就容易陷入困境。勇敢去做，做中自然就会出现办法。

我们无论做什么事情，都有必要考虑潜在的风险，但是不能以此为借口而拖延，认为再等等，或许情况会出现好转。这样一来，机会可能就失去了，运气可能就溜走了。只要我们勇敢地去做，许多事情就会变得简单，并且在做的过程中会发现好多方法。说的东西再漂亮，也是空头的；做的东西再微小，也是实在的。我们不能以困难、矛盾等理由来拖延，而是应该鼓起勇气，积极去努力行动。许多工作中的问题和麻烦，都是在实干中解决的。

全心全意工作，会出成绩。一个公司最害怕三心二意不敬业的人，那种人也根本不会被委以重任，更不要说其将来会有良好发展的前途。你不是为了别人打工而打工，事实上你是在为自己工作。所以说，主动尽职、一心一意是一个员工的本分。

我们在任何时候都要想一想："如果这个公司是自己的，我会如何对待？我每天为公司创造了多少价值？有没有白白拿钱的时候？"我们不能总是期望去获得什么，还计较着如何去付出。如果这个公司是自己的，我们就要整天考虑怎么获得利润，降低成本。对待工作朝三暮四、一点不进取的人，永远会面临着失业的风险，并且其生活也始终会是拮据的。因此无论做什么工作，我们一定要全力以赴，精益求精把它做好。

在工作中，我们要多培养自信的工作能力。一个人的工作魅力，主要体现在保质保量地完成自己的工作任务。当然，完成工作的任务，首先自己要有信心，相信自己完全有能力去完成。一定要有意识地养成自信的表达风格，愉快地接受工作任务，并且能够养成一丝不苟、不折不扣、不遗余力地去踏踏实实工作的作风。

相信自己能够胜任工作，这是非常重要的。有了这一点自信心，一个人就有崭新的精神，就有十足的劲头，就会去想方设法解决工作中的各种困难。如果一个人一开始就畏惧工作，害怕困难，丧失应有的自信，那么工作起来就会无精打采、萎靡不振、无所用心。在工作中，多说"我能行"而不是"我不行"，养成"愉快地接受工作，认真地开展工作"的好习惯。

朱德坤：要唱好两首歌

朱德坤是无锡小天鹅股份有限公司原董事长，他对员工有一个很有意思的要求——要唱好两首歌。这两首歌是什么呢？一首是《中华人民共和国国歌》，一首是《国际歌》。他强调，小天鹅的处境就像国歌里唱的那样"到了最危险的时候"，不愿工厂破产的人们，请跟我一起拯救小天鹅。而唱《国际歌》就是要大家明白"从来就没有什么救世主""全靠我们自己"的道理。朱德坤认为，一个没有忧患意识与危机感的企业，是没有希望的企业，所以要求员工们天天唱这两首歌。

在小天鹅成为行业的排头兵，销量在全国连续多年保持第一的情况下，朱德坤也从不敢放松，始终让企业和员工充满危机感，这就是他的"末日管理法"。

做人必须要有一定的度量

泰山不让土壤，故能成其大；河海不择细流，故能就其深。

——李斯

人们应该彼此容忍：每一个人都有弱点，在他最薄弱的方面，每一个人都能被切割捣碎。

——济慈

商道榜样

朱奕龙，出生于浙江省青田县，西班牙归侨。1990 年，他远赴西班牙赚取了人生中的第一桶金，5 年后回国到宁夏进行创业，最终成立了注册资本超过 10 亿元的银帝集团。

银帝集团旗下包括银帝房产、银帝投资、银帝矿产、银帝科技、银帝工贸、银帝置业、银帝航空、银帝物业、银帝教育、银帝国际文化传媒以及万银科技、万赛软件、万柘贸易、万银地产等 16 家全资子公司和控股公司，是首批非公有制重点骨干企业，总部位于北京 CBD 核心区。

朱奕龙是工商管理博士、高级经济师，享受国务院特殊津贴；任中国侨联副主席、宁夏回族自治区侨联主席、银帝集团董事局主席等职务；系第十一届、第十二届全国政协委员，全国青联常委，中国国际公共关系协会副会长，中国侨商联合会常务副会长等。

2018 年，朱奕龙又多了一个新的身份——粤港澳大湾区产融投资有限公司董事局主席。粤港澳大湾区产融投资有限公司在广东、香港、澳门三地分设运营管理总部，以新时代产融结合引领者和全球化创新资源的聚合者为公司愿景，凭借管理优势突出的平台，将在金融服务、产业升级、城市发展、科技创新、环保治理、军民融合、文旅发展、医疗健康等领域推动粤港澳大湾区高质量发展。

这是朱奕龙的又一个新的起点。他和他的团队将秉承"践行国家战略，服务实体经济，推动产融结合，助力湾区发展"的使命，助力粤港澳大湾区的腾飞发展。

员工加油

海纳百川，有容乃大；壁立千仞，无欲则刚。同事之间光想矛盾冲突，利益纠葛，并且天天为此烦恼、愤怒，无异于自食毒药。如果今天他瞧不起你，明天你瞧不起他，那怎么还会有好心情工作？"宰相肚里能撑船。""大肚能容，容却人间多少事；笑口常开，笑尽天下古今愁。"人有一分度量，便有一分气质；人多一分气质，便多一分人缘；人有一分人缘，必多一分事业。虽说度量是天生的，但也可以在工作中不断习得。

一个人的工作成就大小，关键就看你的度量如何。你的度量不及别人，只顾自己的利益，那成就也只能限于一己范围；假如你的度量能涵容大家，你就能做一个单位的领导。据说，美国广播公司有一个人对克林顿很不友好，克林顿大选之夜，他在大庭广众之下用恶毒的语言讽刺挖苦克林顿和他带领的政府。但是，几天以后，他负责采访总统克林顿，对自己曾经说过的话非常懊悔。他在见到克林顿总统时诚恳地道歉，而克林顿只是淡淡地说："我在深夜疲惫不堪的时候也会说很多话，而你在大选之日肯定遭了一天的罪。"

宽宏大量，何所不容。恶人胆大，小人气大，君子量大。还有同样的故事：同获诺贝尔和平奖的以色列总理拉宾和外长佩雷斯，积怨颇深，在权力分配和政策制定上有很大的分歧，但是为了中东和平和国家民族的利益，他们两人公私分明，都摒弃了个人恩怨。这样的人才会获得人们的尊敬。"度量就是忍耐和忘却。以自己宽宏的度量，换取他人的敬仰，永远是一种人格的力量。

有度量的人不是一味地退让，也不是无谓地迁就，而是对他人友善的接纳。"

最大的能耐，就是把对手变成朋友。

我曾经听说过一个故事：老鼠是山神的宠物，它要求下凡去做一个普通的动物，但是，山神告诉它，你可以去，但要回来就没那么容易，你只有战胜了大象才能重返仙界。老鼠答应了这一条件。

老鼠下凡后，才发现自己是多么的渺小和弱小，除了躲避其他动物以外，它并没有什么好的生存办法，因此非常后悔自己最初草率的决定。于是它想方设法力图战胜大象以尽快返回仙界。一开始它试图钻进大象的鼻子里使其窒息而死，结果被大象喷到空中差点摔死。后来老鼠就对大象敬而远之。有一天，大象落入了猎人的陷阱之中，无法自救，只能痛苦地等待死亡。善良的老鼠不忍看着大象死去，于是啃破绳网救出了大象，从此老鼠和大象成为朋友。山神恭喜老鼠，因为它完美地战胜了大象。

化敌为友，这才是最完美的战胜。大家都像对待仇敌一样工作和生活，彼此在仇恨中愤怒地生存，那是十分愚蠢的，更是令人烦恼的。

"世界上最宽阔的是海洋，比海洋更宽阔的是天空，比天空更宽阔的是人的胸怀。"这里有三个故事值得思考：

第一个故事是周恩来总理去世后，联合国下半旗致哀，当时

有的国家元首提出异议。联合国秘书长说：作为大国的首脑，他没有一分存款，中国约十亿人口，他却没有一个子女，谁能做到其中一条，可以受同样礼遇。全场默然。

第二个故事发生在 1970 年 12 月 7 日，前联邦德国总理勃兰特在华沙跪在犹太人殉难纪念碑前谢罪，他此举获得世界人民的赞扬，并获得了诺贝尔和平奖。

第三个故事是阿根廷政府决定向二战期间为救助犹太人而做出突出贡献，而现在生活拮据的辛德勒夫人提供每月 1000 美元的生活补助。

实际上，正是人格的力量使他们获得世界普遍的认同，并让世界人民为此深深感动。

没有人格魅力的人，在单位里也不会结什么人缘。其实，高贵的人格会像黑暗中的蜡烛一样，不但照亮自己，同时照亮别人。它又像冬日里的阳光一样，不但温暖自己，而且温暖别人。

松下幸之助的"自来水哲学"

作为松下电器的创始人，松下幸之助一直是日本商界的典范。他曾经提出著名的"自来水哲学"，诠释自己对企业经营的独到见解："经营的最终目的不是利益，而只是将寄托在我们肩上的大众的希望通过数字表现出来，完成我们对社会的义务。企业的责任是把大众需要的东西，变得像自来水一样便宜。"

工作不是为自己服务，而是为大众服务。"自来水哲学"的核心，按松下幸之助自己的说法，就是永远为民众服务，即通过丰富和不断增多的物质使人们得到生活的安定和幸福。从本质来看，"自来水哲学"就是通过工业生产手段，把原来只能供少数人享受的奢侈品变成普通大众都能享受的普及品。由此，奠定了松下经营的基本方针：质量必须优先，价格必须低廉，服务必须周到。

不要斤斤计较工作的得失

世界上最宽阔的是海洋，比海洋更宽阔的是天空，比天空更宽阔的是人的胸怀。

——雨果

宽容意味着尊重别人的任何信念。

——爱因斯坦

📂 商道榜样

在 2020 年华夏基金春季线上策略会的演讲中，天风证券副总裁、研究所所长、新财富白金分析师赵晓光给出了最新精彩观点。

作为业内资深的专家，赵晓光全面解析了科技行业的逻辑，从四个层面分析了 5G 将会带来的科技发展。对于这一轮科技未来在不同行业可能出现的具体应用，他也给出了精准的分析。

　　在他看来，无论是在 To C 的行业还是在 To B 的行业，大逻辑就是从泛数据往大的数据、精准的数据走，这个精准数据体系会重塑各行各业的产品，从定义到研发到生产到销售到服务。

　　这波科技浪潮的涨势还没有结束。因为在他看来，1 楼还没有结束，2 楼还没开始，3 楼从云到人工智能也还没有开始。

　　未来的制造业将会变成一个精准数据体系。精准地获取信息，精准地研发产品以满足客户的需求，精准地获取生产上的产品参数，精准地设计出能够实现产品优良率最高化的方法，精准地把这个产品生产出来。

　　这波科技行业浪潮跟 2015 年那波浪潮是不一样的，2015 年大家听到最关键的词是叫颠覆。目标是把对方干倒，取代对方，新一轮的科技浪潮，我们把它定位为科技大厦或者是工具型的技术总和，它的核心是服务。

员工加油

　　不要太在意工作中的分配不公，不要太在意工作中的是是非非，不要在工作中用尖刻的语言去伤人，即便心中有不平之气，也要多用微笑示人。大度一些，再大度一些。大度是一种良好的修养，体现出一种优雅的心态，大度也是远离矛盾、避免尴尬的一种技巧。宽容大度，能让你和伙伴相互补台，能够避免生气，避免麻烦，避免愤怒甚至争斗。

苏东坡和禅师佛印是好朋友。但是，好朋友也有磕磕碰碰起摩擦的时候。有一天，佛印跟苏东坡开玩笑说："你好像一尊佛。"可是苏东坡却回道："你好像一堆粪。"苏东坡说完就懊悔了，认为这样的玩笑开过分了，而且准备接受佛印的回击。但是，佛印听了只是笑了笑，没说什么。苏东坡问道："我说你像一堆粪，你怎么不生气？"佛印解释说："我应该高兴才是。是佛看人，人才是佛，是粪看人，人才像粪。我怎么会生气呢。"佛印的大度不仅为自己解围，更使苏东坡反省自己的无礼。

做人不能吝啬。吝啬带来恶名，慷慨带来美名。这样的例子举不胜举。美国有线电视新闻网的大股东泰德·特纳，为人十分慷慨，一点不吝啬。别人有什么困难，他都愿意帮助。1997 年 9 月，他宣布："拿出自己资产的三分之一，即 10 亿美元，捐给联合国用于传染病防治。"

"当时的经济学家预测，在捐出巨资后，泰德·特纳的资产只会有增无减。果然到了 2001 年的时候，他的资产就达到了 90 亿美元，而他当年的竞争对手默多克，虽然在这期间也捐出 1000 万美元盖了教堂，但是到 2001 年时，当年富过特纳的默多克的资产却比特纳少了整整 10 亿美元。经济学家通过分析发现，富豪们的捐助行为可以提高自己的信用度，博得别人的好感，从而扩大商业机会，捐了的钱可以赚回来甚至可以获得超额的回报。"

聪明的头脑、丰厚的知识不一定能让人生步入坦途，一个人只有学会了宽厚和仁爱，才能聚集尽可能多的人气，才能为自己的发展扫平障碍。厚者得道，厚能载物。

曾被媒体誉为中国"第一职业经理人"的唐骏曾在微软中国公司担任总裁数年。唐骏年轻时个性很强，常与人争执，所以受到大家的排挤。当他到了美国微软总部后，他尝试改变自己的风格，当时总部有位同事降了职，但是唐骏没有因此而瞧不起他，而是继续以良好的合作精神与之相处。后来这位同事又升职了，正是由于他的极力推荐，唐骏才有到中国施展才华的机会。

业务上要严格要求，但是如果在为人处世上苛求太多，则容易多许多烦恼。不该较真的地方，也时时较真；不该计较的地方，也时时计较。这种不分场合的苛求，只会让自己更加烦恼。苛求别人都按自己的要求，稍有不合就烦恼不已，这种行为是愚蠢的，它只会让自己身心扭曲。苛求要分场合，该严的必须严，但该松的也必须松，不可死板。

职场箴言

宗庆后：认真做好一件事，最简单也最难

宗庆后是娃哈哈的创始人，多次问鼎中国首富。1987年夏天，宗庆后靠着借来的14万元，接手了一家连年亏损的校办工厂，这成了娃哈哈的前身。2012年是娃哈哈创立的第25年，那时娃哈哈的总资产已增长了57万倍。娃哈哈旗下的系列产品，一直稳居全国销量前列。在实体经济面临"空心化"、国际金融动荡的双重影响下，宗庆后是如何立于不败之地的呢？

他给出的答案只有两个字：专注。他说："认真做好一件事，这是最简单，也是最难的。25年来，我们的信念从未动摇，快速积累财富的虚拟经济我们视而不见，一心一意做产品、搞实业，一心一意为中国老百姓提供最实惠的必需品，是我们不变的追求。"

工作中多谦让是一种美德

谦让别人就是处世之道。

——野口英世

浅薄无能的人，比谁都自高自大。

——佚名

商道榜样

　　北京建龙重工集团有限公司是一家集资源开采、钢铁冶炼、船运、机电等产业于一体的大型企业集团，是 2019 年中国民营企业 500 强企业、中国企业效益 200 佳企业、中国制造企业百强企业。集团经营的产业涵盖多种资源勘探、开采、选矿、冶炼、加工、机电产品制造等完整的产业链条，下属企业遍布全国各地。

建龙集团自成立以来，秉承着"诚信、规则、团队、卓越、共赢"的价值观。坚持客户至上，精细管控，以自主研发技术改造，带动规模扩大和产品结构优化升级；注重利人惠己，永续经营，通过企业并购重组和行业拓展，实现了企业裂变式发展，产品远销美国、韩国、日本、新加坡等。

做中国钢铁行业先锋，向世界一流钢铁企业迈进——这是建龙集团面向未来的发展目标，这一目标的实现离不开人才的培养。目前，建龙集团拥有大批的高级技术、管理人才。建龙认为，企业成员的生存、培养及发展是企业的首要义务，企业要尊重人的需要，培养人的能力，激励人的进步，最终成就人的价值。

建龙集团董事长、总裁张志祥说："一个人往往高估了自己一天能做的事，而低估了自己一年能做的事。把每一天的事情认真完成，并且每天进步一点点，日积月累就能完成伟大的进步。"这正是建龙集团"只争第一，点滴做起"的企业精神的生动写照。面对未来，建龙集团将和所有的员工一起，向着属于自己的"伟大的进步"迈进。

员工加油

《弟子箴言·崇谦让》有云："谦虚谨慎自矜其智非智也，谦让之智斯为大智；自矜其勇非勇也，谦让之勇斯为大勇。"许多人都很自大，在单位里自以为是。但是自大是危险的。《易经》里六十四卦，最好的卦是"谦"卦。自大只是一时的良好感觉，长久看只有害处。"君子戒自欺，求自谦。"谦虚谨慎，踏踏实实工作，永远是成功的法宝，而骄傲自大只能引来人生的灾难。有智者忠告："我一辈子全靠谨慎小心，才躲过了许多奇灾异难。你要想安然无恙，也得处处小心才是。"

"如果顺着自大的胡同走，就会进入无知的庭院。"有一个故事：在一片茂密的原始森林里，生活着许多猛兽，比如巨蟒、豹子和老虎等，它们经常为了食物进行你死我活的斗争，但是有时候是两败俱伤的结果。有一天，一条巨蟒和一只豹子，同时发现了一只肥胖的羚羊。豹子贪婪地盯着巨蟒，巨蟒同样贪婪地盯着豹子，它们各自打着如意的算盘。豹子想：如果我要吃到羚羊，那么必须要先消灭巨蟒。巨蟒也想：如果我要吃掉羚羊，那么必须先要消灭豹子。于是，几乎在同一时刻，豹子凶猛地扑向了巨蟒，而巨蟒也勇敢地扑向了豹子。可是，它们谁都没有战胜谁，反而双双战死，而羚羊却微笑着逃跑了。

有人曾对此做过精辟的分析："豹子和巨蟒的悲哀就在于，它们把本该可以的双赢，转化成了你死我活的争斗。生活中的悲哀也常常由此而起。"

"气忌盛，心忌满，才忌露。"在工作中总是会有磕磕碰碰，一定要学会弯曲。"弯曲是一种生存的技能，而不是懦弱，绝不是倒下，更不是自我毁灭；弯曲是为了重新挺立起来。暂时的弯曲是一种生存的艺术。"该弯曲的时候就弯曲。加拿大魁北克地区，有一条南北走向的大山谷。那里没有什么特别之处，唯一能够吸引人的就是它的西坡，坡上长满了雪松、柏树、女贞等众多树木，特别美丽。但是奇怪的是山谷东坡就非常单调，只有雪松这一种树木。长久以来，人们感觉这是一个难解的谜。

科学家经过长年的观察研究分析，终于得出了一个令人满意的结果：山谷的东坡除了雪松以外，肯定也长过别的树木。可是因为山谷东坡这地方多雪，暴雪一来，只有雪松的树枝会弯曲，而其他的树不会弯曲，所以雪松得以保存下来，而其他的树都被大雪摧毁了。

有人评价：这个世界上最不准的天平，就是称量自己得失的天平。一位智慧的农民如是说："和别人交往时，我们总觉得自己吃亏了，但实际上，别人看来你们彼此得失相当。如果你觉得得失持平，那么在旁人看来你一定占了便宜。如果你占了便宜，而对方没有跳起来，那么要么对方很伟大，要么你很伟大！"海尔张瑞敏的"鸵鸟理论"如是说：一个人在评价自己的能力和贡献时，只有当自己是鸵鸟，别人才会说，噢，这只鸡比我大一点。我们在和人相处时，在评价个人得失时，一定要在个人天平的所得端加一个砝码，而在所失端再减一个砝码。

自觉保持谦虚的工作态度，不要总是去抱怨或者去妒忌。要点燃心中的蜡烛，而不是只去咒骂黑暗。即使一个人的工作环境再差，别人再挤对你、攻击你，你也不能只想着拼命地去咒骂别人，回击别人。一味地去抱怨自己的工作环境如何恶劣，甚至在恶劣环境中自暴自弃，这是最愚蠢的做法。在环境不佳的情况下，最明智的方法就是"收敛"，低调应对。我们在抱怨别人之前，首先应该收紧自己的傲骨，检查自己的言行，最好是能够定期检查自己，彻底反省自己，并且不断改进自己的缺点。

有一个从英国留学回来的金融专业博士，年轻有为，在国内一家大投资公司的证券部门工作，其部门主管是一个45岁国内本科毕业生，毕业于非金融专业。一开始主管对他很有好感，也非常热情，不但在生活上关心他，而且有什么好事情总是叫上他，耐心地指导他应当如何去开展工作。当时，博士还很庆幸自己遇到了一个善良的主管。但是没过多久，自从博士在公司做了一次成功的金融投资计划以后，主管对他的态度就变得非常恶劣，不但对他恶语相加，而且经常不安排他的工作任务，让博士坐冷板凳。为此，这位博士十分痛苦。

是什么原因让主管对他的态度产生180度转弯呢？答案是主管意识到了自己生存的压力、自身的职业危机，他害怕这位博士不久之后就会将其取而代之。于是，他采取了职场中最卑鄙的手段，那就是利用手中的权力，千方百计地打击、压制博士，最好让他臭名远扬，能够自己收拾东西走人。

在这个案例中，可能主管存在心胸狭窄的毛病，但我们会发现博士也存在不足之处。在做金融投资计划时，他太显露自己的所谓"本领"，不仅当着大家的面指出主管的错误，而且还提出许多改革的意见。尽管博士的出发点是好的，可是这种行为深深地伤害了主管，让主管意识到了潜在的威胁。

　　当然反过来说，别人挤对你、攻击你，说明你这个人还有一点本事，否则别人不会这么做。英国有一句俗话："路人不踢死狗。"但是，一个人但凡有一点本事，就应该学习大智若愚的生存智慧，不要轻易去显山露水。

戈登·摩尔：改变是我们终生的热爱

戈登·摩尔是英特尔的品牌缔造者，但很多人熟知他，是因为他提出了经典的摩尔定律：在价格不变的情况下，每隔 18—24 个月，电脑的性能将会提升一倍。

1968 年，摩尔和同事诺伊斯先后辞职，共同创办了英特尔。在英特尔公司，摩尔定律得到了彻底的发挥和实践。从 20 世纪 70 年代开始，英特尔就确立了其赖以生存的商业模式——不断改进芯片的设计，以技术创新满足计算机产业不断迭代的产品需求。摩尔指出，只有不断创新，才能赢得高额利润并有充足资金投入到下一轮的技术开发中去，如此才能在激烈的竞争中生存下来。摩尔有一句口头禅，可以生动地概括他的这一理念："改变是我们终生的热爱。"

与其烦恼，不如努力工作

心胸开阔：不要为令人不快的区区琐事而心烦意乱，悲观失望。

——富兰克林

因寒冷而打战的人，最能体会到阳光的温暖。经历了人生烦恼的人，最懂得生命的可贵。

——惠特曼

商道榜样

谁能想到，1976 年的一家乡镇小造纸厂，从一台淘汰的设备起家，40 多年后，发展成为年产值 700 多亿元的中国造纸业龙头企业。这个行业传奇的诞生，离不开一个人，他就是华泰集团的掌舵人李建华。

1976 年，李建华进入大王公社筹建的造纸厂做车间主任，

1983 年当上了厂长。从做厂长开始，李建华 35 年没回家过年。有同事帮李建华统计过，他创业 35 年，一共在家待了 8 个白天，工作时间相当于别人的两倍。

1999 年，华泰销售收入 6.7 亿元，利润 1.8 亿元，有了一定实力，李建华就瞄准了国际市场。

他听说德国一家工厂有一套新闻纸机准备淘汰，立刻带人去考察。然而，德国公司负责人连起身都没起身，根本不相信中国人有实力购买。李建华并不死心，接连去了 7 次，最终以 4.5 亿元拿下了它。

那台纸机年产 16 万吨，李建华的估值是 16 亿元。机器出纸成功后，李建华拿着纸样儿去各家报社推销。新闻纸的质量过硬，《人民日报》《经济日报》《大众日报》等多家大报纷纷采用华泰的纸张。

接下来，华泰又一口气投资 100 多亿元，增加了 6 条新闻纸生产线，年产能达到 200 万吨，成为全球最大的新闻纸生产基地，在国内省级以上媒体市场占有率达 70%。从此，华泰结束了我国高端新闻纸依赖进口的历史，还将其产品出口到 60 多个国家和地区。

当年不理李建华的那个德国总裁，后来应邀来访。他说，因为华泰，他改变了对中国的看法，改变了对中国人的看法。

提到这些，一向谦虚低调的李建华说："没有别的，就是艰苦奋斗，就是为国争光。人生就是执着追求，给国家、给社会、给

老百姓干点事儿，这是企业家的本分。"

员工加油

变"要我干"为"我要干"，这是工作心态的积极转变。熟悉的地方没有风景，工作再好，时间长了，也可能会乏味，也可能会烦恼。不要为了工作而烦恼，因为许多时候为了自己的生存，你没有办法去选择工作，好多人必须委曲求全、学非所用。在恶劣的工作环境中，我们没有愤怒，更没有抱怨，而是努力地去工作，去发现工作的快乐。这样我们才可能从中走出属于自己的人生道路。

生存的道理有时候很简单，在艰苦的工作环境中，你只要选择坚强和勇敢就行了。这一点，我们从动物世界中也可以得到启迪。

生活在美国加利福尼亚州附近深海中的水母与众不同，它们的触须有人的手臂粗，每只水母重达 60 千克，它们不但体形大，而且比其他地方的水母强健有力。同是水母，为什么生活在这里的如此强壮呢？

原来，与这些水母为邻的都是海洋中最凶猛的动物，如虎鲸、鲨鱼等。为了躲避这些凶猛的动物，水母不得不快速逃命，每天的快速游动把它们的身体锻炼得十分强壮。可是，就算水母逃命的速度再快，也还是经常被那些凶猛的动物咬伤，轻则触须折断，重则皮开肉绽。

令人惊讶的是，这些被咬得遍体鳞伤的水母不但没有死，而且很快从折断的触须根部长出新的肌体。水母就在这样残酷的环境里，让自己一点点变得强大起来。

有时候生存的道理很简单，就是把自己的缺陷转化成人生的动力。

有这样一个童话故事：

上帝造了一群鱼，又给了一个生存法宝，就是鱼鳔。这是一个可以由鱼自己控制的气囊，鱼可以用增大或缩小气囊的办法，来调节沉浮。这样，它们在海里就轻松多了，因为有了气囊，不但可以随意沉浮，还可以停在某地休息。鱼鳔对鱼来讲，实在是太有用了。

出乎上帝意料的是，鲨鱼没有及时前来安装鱼鳔。上帝费了好大劲儿也没有找到它。上帝想，也许是天意吧。既然找不到它，只好由它去吧。但这对鲨鱼来讲实在太不公平了，它会因为缺少鱼鳔而很快沦为弱者，最后被淘汰。想到这个，上帝感到很悲伤。

亿万年以后，上帝想起他放到海洋中的那群鱼来，忽然想看看它们现在到底生活得如何，尤其想知道没有鱼鳔的鲨鱼如今怎么样了，是否已经被淘汰了。

上帝把海里的鱼家族都找来，面对千姿百态、大大小小的鱼，上帝问："当初的鲨鱼在哪里？"这时，一群威猛强壮、神采飞扬、令人害怕的鱼游上前来，它们回答："我们就是鲨鱼。"上帝十分惊讶，这怎么可能呢？当初，只有鲨鱼没有鱼鳔，它们比别的鱼要多承担多少压力和风险啊。为什么鲨鱼现在是鱼类中的佼佼者？

鲨鱼说："没有鱼鳔，就无时无刻不要面对压力，因为没有鱼鳔，就要一刻不停地游动，否则就会沉入海底，死无葬身之地。所以，我们从未停止过游动，从未停止过抗争，这就是让自己强大的生存方式。"

天下最苦恼的事，莫过于看不起自己的工作，躲避自己的工作。哲人说，以苦为药。苦口的药物激活了生命机能而使人健康，工作之苦激活了内心的灵魂而使人坚强。以烦恼为动力，以苦为鞭策，这是让自己强大的方式。

怀恨于人，自己也不开心，聪明的人，即使不能把烦恼忘掉，至少不会总是耿耿于怀。人活着总是有意义的，即便是烦恼和痛苦也是有意义的。一个女孩大学毕业后，只身前往葡萄牙，打工糊口，而后嫁给记者，却未能幸福。生活的痛苦激发了女孩改变自己命运的斗志，她在靠政府补贴租赁的房子里开始写作，在亲人的鼓励下，她取得了成功。1997年，她的作品一问世就风靡全球，获得了巨额的财富，她还被英国女王授予勋章，这个人就是《哈利·波特》的作者——J.K.罗琳。

罗琳接受采访时最爱说的一句话是："人生就是受苦。"她却是一个以苦为药、发奋向上的人。

王健林：我自己创业初期的三点体会

第一叫敢闯敢试。就是不管你做什么，一定要有梦想，有目标，敢去做。你去做，起码有一半的机会，你不去做，机会是零，所以我最近这些年在各地演讲，经常讲一句话："清华北大，不如胆子大。"这个"胆子大"不是说让你乱干，但是得有勇气去闯，去试验！

第二是创新求变。你要成功，要想不断成功，或者还想获得更大的成功，就一定要能够创新求变，不能走别人走过的路，不能做跟别人一样的事情。凡是跟别人做一样的事情，获得的肯定是平均利润率；只有做跟别人完全不一样的事，才有可能获得超额利润。

第三是坚持到底。我经常讲一句话："过去讲'不到黄河心不死'，'不撞南墙不回头'，我不一样，我到了黄河心也不死，可能搭一个桥，我就过去了；撞了南墙也不回头，找个梯子，我就爬过去了。"

多些自信，多些努力和感恩

相信就是强大。怀疑只会抑制能力，而信仰却是力量。

——弗烈德利克·罗伯森

坚信自己的思想，相信自己心里认准的东西也一定适合于他人，这就是天才。

——爱默生

🗂 商道榜样

深圳市双佳医疗科技有限公司成立于 2003 年，是一家专注于专业健康体检领域的公司，带着让医疗更贴近的朴素愿景，从深圳起步，迄今发展成为智能健康管理解决方案提供商。

借势于中医药勃兴的背景，掌舵着双佳医疗的董事长陈鹰坚持创新发展理念，凭借对行业的深刻洞察，多年来深耕国内市场，形成了"互联网＋医疗健康＋跨界合作"模式，业已成为健康体检领域内的翘楚。从多年前的年营收只有 100 多万元，到如今的 1 个多亿元，双佳医疗深谙不进则退之理，同样用"深圳速度"为企业的跨越式增长写就一份传奇。

回溯过往，陈鹰不曾忘记当年从银行辞职，接手双佳医疗的重要选择。完成个人职业生涯转轨的陈鹰，所接手的双佳医疗羽翼未丰，他说，最困难的时候连工资都发不出去，从外面借了 50 万元才一步步渡过危机。

现在的双佳医疗，已经拥有国际化的研发、生产、服务体系，通过了 CE、CFDA、ISO 9001、ISO 13485 等国际认证，具有医疗器械生产、经营许可证，获得 30 多项专利。其中的智能健康一体机，是双佳医疗的扛鼎之作，获得了双项第一，即国内第一家率先研发上市、国内唯一获得 CFDA 认证。如今，双佳医疗的产品广泛应用于基层医疗卫生机构、连锁药房、养老机构、企事业单位等，为客户提供智能慢病健康管理的技术与产品解决方案。

十多年的传承与市场考验，铸就了双佳医疗国内体检设备市场的龙头地位，它也正在以成为中国最佳的慢病健康管理综合解决方案提供商为目标而努力奋斗。

员工加油

知人者智，自知者明。自信能够圆满完成工作任务，而这份自信来自自己的努力，基于自身的工作实力。如果生命是一块土地，那么我们每一个人都应该留出一些庄稼给他者享用。给予，奉献，远比索取要高尚、快乐。当你自信的时候，把自信传给身边的人；当你幸福的时候，把幸福传递给曾经帮助过你的人；当你快乐的时候，分些快乐给默默关注你的人；当你成功的时候，给正在苦苦跋涉的人一些激励；当你得意的时候，匀些得意给人生失意的人。这些人生中积极的精神元素，并不会因为给予而减少，反而会因为给予而增加。

要有自信，然后为实现目标全力以赴。"路的旁边也是路"这个故事告诉我们，作为一个员工有时候必须自信。日本松下公司的松下幸之助任命西田千秋为新成立的电扇公司的总经理。当时新公司在电扇领域已经做得相当卓越，颇有余力开发新的领域，但是西田的设想却被松下否定了，理由是保持公司的专业化。西田并未灰心，他机敏地问道："只要与风有关的都可以做吗？"松下随口回答可以。

几年之后，松下到该公司视察，发现公司在生产暖风扇，并且产品非常畅销。西田解释说这是经过他的允许的。后来西田又陆续开发出品种繁多的风扇。西田在走到绝路时，用自信、创新试着往边上迈了几步，最后发现许多条路，而且都是全新的路。

我曾经前往以色列进行工作访问。在那里，我听说每当庄稼成熟的时候，农人都要在靠近路边的庄稼地的四个角留出一部分不收割。这个现象引起了我的好奇心，我向当地人请教其中的原因。当地人解释："是上帝给了曾经多灾多难的犹太民族今天的幸福生活，我们为了感恩，就用留出田地四角的庄稼这种方式报答今天的拥有。这样既报答了上帝，又给予那些路过此地而没有饭吃的贫苦的路人以方便，同时还可以防止他们因为贫穷和长途的跋涉而吃不饱饭。四角的庄稼，只要需要，任何人都可以收割了拿回家里，没有人会拒绝、责问、追究。"他们认为，生活在幸福中的人就应该留些东西给那些处在困苦中的人，这才是真正的幸福。

读过《铅笔的原则》一文，作者对于"努力工作"的形容和描述非常形象，也很风趣。制造者对铅笔说："在进入这个世界之前，我有几句话要告诉你，如果能记住这几句话，就会成为最好的铅笔。""你将来可能做很多大事，但是不能盲目自由，要允许自己被一只手握住。你可能经常有被刀削的痛苦，但是这些痛苦是使你成为一支更好的铅笔的必需前提。不要过于固执，要承认你所犯的错误，并勇于改正它。不管穿上什么外衣，你都要清楚最重要的部分在里面。在你走过的任何地方，都必须留下不可磨灭的痕迹，不管是什么状态，你必须写下去。要记住，生活不会毫无意义。"

职场箴言

柳传志：成功所必需的要素其实并不多

柳传志 40 岁创建联想，29 年时间，联想电脑销量居世界第一。作为一个创业者，柳传志是一个传奇。这个传奇的意义，不仅仅在于他领导联想由 11 个人 20 万元资金的小公司成长为中国最大的计算机产业公司，更重要的是，他的传奇故事对许多立志创业的青年人来说，都是一种激励。这个传奇让每一个创业青年都可以怀有这样一个希望——"如果我足够地努力，也可以像柳传志那样成功。"

柳传志以其亲身经历告诉青年人，成功所必需的要素其实并不多。只要目标坚定，足够努力，哪怕起步再晚，也有希望取得成功。

正确处理好工作与金钱的关系

金钱能做很多事，但它不能做一切事。我们应该知道它的领域，并把它限制在那里；当它想进一步发展时，甚至要把它们踢回去。

——卡莱尔

如果你把金钱当成上帝，它便会像魔鬼一样折磨你。

——菲尔丁

商道榜样

她原本是清华大学的博士后，却主动申请成为国内第一位公费去美国务农的学生，在当地农场当了半年农民。回国后，本可以有很多选择，她却依旧选择了田地，创办了属于自己的农场，最终成为国内休闲农业的产业样板。

她就是"80后"女博士、分享收获农场的负责人石嫣。每天劳作在蔬菜大棚和鸡鸭猪圈之间，与农民们打成一片的她，称自己是一个"新农人"。说起为什么要执着地选择农业这个领域进行创业，她淡淡地说："没有什么特别的原因，本科很偶然地选择了与农业相关的专业。硕士阶段，导师觉得我们也研究不了太深刻的东西，还不如多些实践，就带着我们到山西等地的乡村调研。"从那个时候开始，石嫣发现真正的农村和自己在学校了解到的农村有很大的差别，她开始对农业相关的问题越来越感兴趣。在美国实习期间，石嫣除了跟着农场主下地干活，还考察调研了周边其他社区支持农业模式的农场，学习国外的社区支持农业（CSA）模式。

如今，石嫣已经拥有占地面积 300 多亩的农场、将近 1000 名会员。谈及对未来的规划，石嫣说："CSA 肯定是我未来最主要的选择，大的方向是不变的。我看清了前方的路，也看到这条路值得我一辈子走下去。"

农场是石嫣的选择，也是她脑海中的桃花源。面对自然，她永远怀着一颗谦卑的心。

员工加油

有人抱怨工作太累，薪酬不如别家公司高。关于工作和金钱，我们不妨听听任正非怎么说。他说："华为是没有钱的，大家不奋斗就垮了。""不努力，光想躺在床上数钱，可能吗？"华为员工令人羡慕的高薪酬，首先来自员工自我奋斗。

不要羡慕金钱，因为踏踏实实生活和工作比钱更为重要。有人说："钱不是万能的，但是没有钱却是万万不能。"俗话说："人为财死，鸟为食亡。"工作是为了赚钱，但是把赚钱作为工作的唯一目标、唯一目的，人生就苦味无穷。一心为金钱工作是痛苦的、烦恼的。比如灾难来临的时候，企业老板为了节省费用，降低员工的薪酬，如果你斤斤计较的是个人得失，而不是从人生、社会大局出发去思考问题，光考虑自己在灾难中所受到的委屈、困难、家庭的压力等个人问题，而不去体谅他人的艰难、社会动荡带来的不稳定因素，那么麻烦就会更多，矛盾就会激化。你愤而辞职，还到处去声讨他人，结果呢？你自己惹得一地鸡毛，他人也肯定是与你势不两立。智慧做人，谨慎行事。做人不需要人人喜欢，只要坦坦荡荡、问心无愧。做事不需要人人理解，只需要尽心尽力。

作为员工，要将心比心体谅企业家的经营难处。特别是在企业处于危难时刻时，更应该多替他人考虑，而不是只顾及自己。多想个人为企业做出的贡献，少想我应该拿多少薪水，这样一来，你的心态就会平衡，工作就会心平气和。没有贡献，丰厚的薪水自然是奢望。华为提出："奋斗者为王！"员工没有奋斗精神，没有奋斗的业绩，你凭借什么去获得高薪水、高待遇？！哪个企业会养闲人？薪水与你工作的努力程度成正比。你越努力，工作业绩越好，你就越幸运，薪水就越多。在企业困难的时候，要多些感恩，多些帮助，多些奉献。人生就是这样，你进一步则举步艰难，你退一步则海阔天空。人在做，天在看。许多时候你的努力工作不一定马上会有回报，但是过一段时间或许就会以另外一种方式回馈给你。"金钱的贪求和享乐的贪求，促使我们成为它们的奴隶，也可以说，把我们整个身心投入深渊。"做人太现实，处处以金钱作为衡量标准，会让人痛苦不堪。

"金钱愿意为懂得运用它的人工作。那些愿意打开心胸，听取专业的意见，将金钱放在稳当的生利投资上，让钱滚钱，利滚利，就会源源不断创造财富。"

君子爱财，取之有道。不义之财，无道之财，则会让人嗤之以鼻。对金钱保持正确的态度，是人生的必修课。一个人眼睛里只有金钱，肯定出问题。有一个叫"沥青湖的诱惑"小故事对我很有启发："加勒比海的小岛上有一个面积很小的沥青湖，湖里因盛产天然沥青而闻名于世。科学家却在这里发现了'螳螂捕蝉'似的食物链上的闹剧。原来每到雨季，雨水积在湖里沥青的表面上形成湖泊；而旱季，水和沥青被晒干，只有一些长有水草，还有小鱼的水坑剩下。水里的鱼引来水鸟，水鸟被沥青留下；而狐狸看到猎物自然奋不顾身，结果也丧生沥青湖，狼和鬣狗继而也为了狐狸大餐而走上不归路，旱季里饥肠辘辘的虎狮也抵挡不住野味的诱惑，相继殒身。"人世间的诱惑实在太多了，引得我们一次次进入"沥青湖"。虽然我们都明白，但各种诱惑尤其是"金钱的诱惑"却难以让我们停下脚步。《伊索寓言》说："金钱和享受的贪求不是幸福。"

　　每个人都有自己的梦想。人的一生，在工作中挣多少钱并非首要的事，更多的时候，是为了圆心中的梦。活出尊严，承担责任，背负使命，是为了让自己变得更强大、更独立、更完整。梦想不会让一个人在一瞬间变得伟大，它的意义在于让生活拥有色彩和希望。只要你愿意努力，只要你相信梦想，总有一天你会熠熠发光。多做利国利民的事情，会让人生发光。

王石：人生最重要的是活得精彩

作为万科集团的创始人，王石曾专门强调，自己只是一个职业经理人，只是个富人而不是富豪。一直以来，王石都认为自己没有关于财富的困惑，但他有恐惧感，他觉得钱多不是好事。之所以有这样对待财富的态度，与王石的个人经历密不可分。他曾是彷徨少年，到处寻找人生意义。读巴尔扎克、雨果、狄更斯的小说，也因此对书中暴发户的印象极为深刻，他在内心里厌恶那种人。

王石曾经许下心愿，要登遍世界七大洲的最高峰，然后就去航海。这么多年过去了，这些心愿都已经被他逐一完成，2003 年，他还成功登顶珠穆朗玛峰。对于他来说，人生最重要的是活得精彩，而不在于拥有多少钱。

善于在厄运中转机

有希望的成功者，并不是才干出众的人，而是那些善于利用每一时机去发掘开拓的人。

——苏格拉底

一个明智的人总是抓住机遇，把它变成美好的未来。

——托·富勒

商道榜样

三亚天域度假酒店位于中国最大的热带海岛——海南岛，占地约 13 万平方米，坐落在三亚市素有"天下第一湾"之称的亚龙湾的中部。作为亚龙湾最早一批引进国际经验的五星级度假酒店，天域度假酒店拥有广阔的私家海滩、美国名家设计的夏威夷式建筑、舒适的客房设施和面积最大的面海园林，以天人合一、自然温馨的风格备受称誉，并在2008年第三届中国酒店"金枕头"奖评选中成功入选中国十大最受欢迎度假酒店。

天域度假酒店专享长达9公里的银色沙滩和碧海蓝天，千棵椰树、棕榈环绕四周，伞尾葵、三角梅、文殊兰等一年四季争妍斗艳。无论是艳阳下悠然惬意的日光浴，还是晚上与心爱的人一起看星星，天域度假酒店都会带给宾客无与伦比的美妙感觉。

除了得天独厚的自然风光，天域酒店还将建筑与园林之美完美结合，打造出独有的人文景观。酒店全部由美国名师设计，共有客房近1000间，风格变化多端。酒店中心区域是亚龙湾最负盛名的天域花园。天域花园可称得上是亚龙湾最大的热带植物园，历经数载建造而成。园内遍植名贵热带植物，品种多达上千种，宾客置身其中，宛如沉醉在交织着碧海蓝天、鸟语花香的世外桃源里。

因为拥有多年五星级酒店管理经验，天域酒店在设施与服务上也用足了功夫，每个细节均精心设计，每种需求都周到设想。午后可以去花园林荫下的鲜花泳池，傍晚可以到沙滩上的椰林烧烤，从豪华帆船，到热海水按摩池……无论是二人相伴，还是共享天伦之乐，天域酒店都能提供适合的选择。

在天域酒店，度假不止一种享受，心动不止一个时刻。种种诱人之处，除非亲临，无法想象。

✈ 员工加油

曾经访问 1000 个成功的企业家，他们人生中有没有遇到危难的时刻？他们异口同声地回答：我们遇到的困难和危机比你们想象的还要严重，但是我们没有退缩，没有恐惧，没有惊慌，危中有机，有的只有与厄运做不屈的斗争。

一个成功的企业家曾经告诉我，他在最困难的时候，差点想跳海自杀。当时，项目停工，银行催款，员工辞职，妻子离婚，人生暗无天日。可是他都挺过来了，而且后来获得巨大的成功。每个人在工作过程中，都不可能是一帆风顺的，你也不可能总是遇到欣赏你的上司、理解你的同事、得心应手的工作。如果遇到经常找你麻烦的上司，挑拨离间、落井下石的同事，甚至时常开不出工资的企业，你怎么办？是愤然反击、怒而离职，还是心平气和地忍耐下来，改正自己的缺点，寻找良好的生存对策？

董明珠说："在最艰难的时候，我们都能把原子弹造出来，还有什么不行？"危机就是危险加机遇。乐观的人看到的是机遇，悲观的人看到的只有危险。人生之路不可能风平浪静，工作经历不可能一帆风顺。人在顺利的时候，大多会感觉良好、神清气爽；人在逆境的时候，常会萎靡不振、无精打采。面对工作的危机，成功者不会畏惧，他会认为"危机未尝不是一件好事，因为危机之中往往蕴含着机会"。一个人拥有从头做起的信念，才能寻求新的希望。面对危机，自信自强，自求多福，就一定能渡过难关。就像有人说的那样，"危机是一把双刃剑，它能刺伤你，也能成就你，关键看你的态度和行动"。

危机是人生的试金石，是对我们能量、能力的考验，而且在危机中，更能看出人与人之间的真情与友谊。

乔布斯是美国苹果公司的创始人，他曾经在对美国斯坦福大学毕业生的演讲中，分享了他生命中的逆境故事，并且激励同学们要学会在厄运中寻找机遇。他用"自动退学""被苹果公司开除"和"患胰腺神经内分泌肿瘤"三个亲身经历，告诉大家面对危难不要恐惧，不要妥协。面对困难和灾难，你越是害怕，就越没有克服困难的勇气和行动。我们应该冷静对待，等待时机反败为胜。在观看他演讲的过程中，我发现他的口头禅竟是"在遭遇厄运那一刻对自己说：这是我最棒的选择。""自动退学是我最棒的决定。"面临一时的失学，多了人生选择的机会。因为可以转学去学自己感兴趣的学科。"被苹果公司开除"不是他人生最难受的时刻，而是人生最棒的"遭遇"，因为他有机会重新创业，推出别具一格的《玩具总动员》。"患胰腺神经内分泌肿瘤"是最棒的生命提醒，这使他更了解生命的真谛，更珍惜生命，珍惜时间。他充满正能量的演讲，让学生们感动，让人们沉思。面对不幸的遭遇，乔布斯的态度不是恐惧，不是退让，而是积极地思考和主动地行动。他对后人影响最大最深的话是："常保求知若渴，长存虚怀若谷。"厄

运的转机，不仅依靠随机应变，更要靠自己的信念和行动。

　　一个人越是逃避危机，危机就会越发严重。"糟蹋了机会，怨不得别人，是你自己的事。"越是危机时刻，越要有良好心态，不要杞人忧天。人这一辈子，不可能风平浪静地过，总是会遇到危难和机会，所以我们要以平常心去勇敢对待危机。当经历各种人生危机后，就能学会预防危机的方法。危机不是死亡的来临，而是超越自我能量的一种考验，有危机就有希望的动能。

职场箴言

褚时健：任何时候都不能放弃

褚时健，曾经掌舵玉溪卷烟厂，被称为"亚洲烟草大王"。在事业巅峰的时候，被判入狱。经历过人生低谷后的他，在 74 岁时重新出发，用 10 年时间改良土壤，种出非常适合中国人口味的"褚橙"，实现了从"烟王"向"橙王"的转变。

"生命中最伟大的时刻不在于永不坠落，而在于坠落之后总能再度升起。"褚时健最令人震撼的地方，不是他一次又一次地登上人生巅峰，而是在每次深陷低谷时都能上演绝地反弹、王者归来的大戏。他用波澜壮阔的人生告诉我们，任何时候都不能放弃奋斗的勇气。

工作中要学会独立思考

伟大不只在事业上惊天动地，他时常不声不响地深谋远虑。

——克雷洛夫

世上最艰难的工作是什么？思想。凡是值得思想的事情，没有不是人思考过的；我们必须做的只是试图重新加以思考而已。

——歌德

商道榜样

1998 年，当大多数商人在考虑如何快速掘金时，学工程物理出身的王金山却深忧于中国医疗器械科技化与国际领先水平的差距，于是组建金山科技公司，带领科研团队向这一领域挑战。

王金山认为，他的成功得益于像狼一样地坚持不懈。2000 年，王金山向股东们提出要投资 600 万元研发智能胶囊时，没有一个人相信他、支持他，有人甚至认为他是疯子。

但是王金山并没有就此退缩，他从全国各地招贤纳才，带领团队克服重重困难，终于将胶囊内镜研制成功，成为全球除以色列一家公司外第二个掌握该核心技术的企业，面世当年即带来上亿元的进账。

此后，王金山更加重视人才引进，先后成立了工程中心、博士后工作站和院士工作站。随后，中国工程院副院长、国内消化科唯一的院士樊代明加入金山科技的研发团队，更让王金山的企业如虎添翼。

成立至今20多年，金山科技一直专注于医学影像、手术设备、医疗机器人、远程医学信息管理、健康医疗大数据等多个领域，成功开发了胶囊内镜、宫腔观察吸引手术系统、pH胶囊、食道阻抗—pH联合检测系统、阻抗CT等60余项国际领先水平的医疗诊断诊疗设备。

作为金山科技的领头人，王金山与任正非、郭广昌、鲁冠球、施正荣等人一道，曾被评为中国民营企业自主创新十大领军人物。

员工加油

任正非认为，青年人要具备自我批判精神。一个人只有坚持自我批判，才能不断进步。在公司内部，一定要打掉好面子的思想。敏于观察，勤于思考，善于综合，勇于创新。亚里士多德说："人生最终的价值在于觉醒和思考的能力，而不只在于生存。"正念为什么重要？因为积极思考成就积极人生，消极思考则会导致消极人生。一念起，一念灭，全在你的思想。所以我们要养成独立思考的能力，多一些正面思考，做更加全面的分析，不要跟着情绪走，而要更加理智地判断。更不能随环境的大流，盲目相信社会上流传的不实消息。

中国科学院院士、教育家周培源忠告大家："独立思考，实事求是，锲而不舍，以勤补拙。"在现实生活中，少的就是会思考的人。我们思考一下"看笑话"的心理。有人喜欢通过看别人的工作笑话，来提升自己的幸福感。这为什么是一种愚蠢的行为？因为你笑话别人的时候，要想到不久别人一样会笑话你，看你在工作中出洋相。如果换一个方式，看到同事工作困难、生活艰难的时候，主动、诚恳去帮助，效果会怎么样？我们应该具备什么样的价值观？当然是要有一个健康的价值观。热爱工作，热爱同事，这是一个人的朴素情感。只有当你爱身边的人，才有可能最后去爱这个整体。如果你连帮助身边人的心都没有，连最亲的父母都不知道怎样去爱，那么热爱祖国、热爱人民，热爱单位，就只是一种口号，那样的爱也只是一种虚无的、喊着口号的"爱"。为什么许多企业家招聘员工，第一不是看学历，而是看"对父母孝顺不孝顺"？有人一针见血地说："倘若你不爱身边的人，就不可能爱更多的人。"

比如，思考一下自己有没有工作技能、长处？为什么你要经营好自己的长处？因为扬长避短地工作，是一个人在单位的立身基础。一个人若以短处谋生，则会苦不堪言。只有拥有过硬的专业知识和技能，才能得到单位同事的尊重。别人尊敬你的人品，以及你的技能，但不会尊敬你夸夸其谈的演说、衣着华丽的外表或者所谓的家庭背景，等等。在单位也不要依靠关系去混日子，那会让人陷入被动的境地，也会被其他人瞧不起。要把精力放在提高自己的能力上，而不是放在巴结奉承上，因为那些都是不牢靠的东西。真正牢靠的东西在你自己身上，那就是良好的人品和技能。学会向内求，而不是外求，多去思考"面对工作的困难我怎么办？怎么去想办法努力完成它？"那样你就会充满正气、正能量。

比如，思考一下"为什么要注意个人的细节问题"。细节问题，不能忽视，因为有时候它会影响人的一生。工作时的着装，与人会面的客套，待人接物的方式，等等，都展示出一个人的个性和风采。我听过这样一个故事：某个跨国公司，在中国招聘一名办事处主任。面试这天，大办公室中间放了一张大桌子，办公桌前不知什么时候掉下了两张复印纸，在白色地毯上十分醒目。但是鱼贯而入的应聘者，对这两张纸却视而不见，直到一个年轻人将它们捡起放到桌子上为止。最后这位年轻人被录用了。凭借突出的工作水平和业务能力，后来他被任命为中国区总裁。细节往往决定员工的人生命运。成功不仅在于渊博的知识，超前的判断，非凡的能力，还在于待人处事方面注重小节。相反，不计小节，粗枝大叶，这些都会阻碍职业上的成功。

职场箴言

乔布斯：追寻你的好奇与直觉

苹果创始人乔布斯在斯坦福大学毕业典礼上曾说过这样一段话：

"追寻我的好奇与直觉，我所驻足的大部分事物，后来看来都成了无价之宝。举例来说：当时里德学院有着大概是全国最好的书法指导……书法的美好、历史感与艺术感是科学所无法捕捉的，我觉得那很迷人。我没预期过学的这些东西能在我生活中起些什么实际作用，不过十年后，当我在设计第一台麦金塔电脑时，我想起了当时所学的东西。

"当然，当我还在大学里时，不可能把这些点点滴滴预先串在一起，但是在十年后回顾，就显得非常清楚。所以你得相信，你现在所体会的东西，将来多少会连接在一块。你得信任某个东西，直觉也好，命运也好，生命也好，或者业力。这种做法从来没让我失望，也让我的人生整个不同起来。"

不要光做计划，要提高执行力

定目标，做计划，大量地行动。

——陈安之

只有鼓起勇气才是办法！凡是无法逃避的事情，如果光害怕、着急，那只能算是幼稚、软弱。

——莎士比亚

商道榜样

"乾宁斋"寓意"乾宁惠世，天下康宁"，其历史可追溯到宋代，祖上共有皇家钦点御医 15 人，女医 3 人，现留存的宋至新中国成立初期的中医药珍贵文献逾万册。千百年来，族人制药行医不辍，名医辈出，享誉杏林。明清时，族人在全国各地遍开医馆、药肆，以道地药材、秘传医术、乐善好施享誉一方。

将被历史湮没的百年老店乾宁斋复出再创，是董氏嫡亲后裔的梦想和心结。2000 年以来，国家发展中医药事业的利好政策促进了众多中医药百年老字号破茧而出，更使乾宁斋后人下定决心要重创乾宁斋。经 10 年谋划、精心筹备，杭州乾宁斋健康管理有限公司首先在杭州注册设立，随后乾宁斋国医馆、乾宁斋国药馆、久保馆、河坊街馆、台州馆等多个场馆陆续开业经营，百年老店重新开始蓬勃发展。

乾宁斋以"中正平和，固肾调脾"为治医理念，以道地药材为核心基础，以古法秘方为研发本源，研发和创设了众多中医药秘方产品和特色理疗项目，医、药、养、修四大板块协同发展，旗下产业覆盖国医、国药、国术、国乐、养生、养老、食养、茶养等多个领域，将医养结合的理念渗透至生活的方方面面。

乾宁斋化州橘红，原是宫廷贡品，止咳化痰的良药。化州橘红配上顶级普洱茶，能让人在喝茶的同时保健身体。它对烟酒过多的人群，有特别效果。新果采摘，第一批由最好的正毛打造。

乾宁斋人秉承"仁医良药，乾宁惠世"的祖训，几经探索，始终不忘初心和使命。应新时代的需求，乾宁斋将在第 15 代中医传人的带领下，努力打造"老中医、新生活"，实现中医生活化的健康事业。

⟋ 员工加油

接受任务不讲条件，执行任务不找借口，完成任务追求圆满，这是判断一名员工是否有良好的执行力的标准。号称"女版马云"的彭蕾，关于执行力，她这么解释："无论老板的决定是什么，都要把老板的决定变成最正确的决定。"

彭蕾还说："无论马云的决定是什么，我的任务都只有一个——帮助这个决定成为最正确的决定。"为了这个执行力，她自称要"做一个冷静又疯狂的人"，因为这个世界，害怕的是冷静又疯狂的人。"这个世界，不怕冷静的人，因为人一冷静，骨子里的热血就会冷下来，少了勇往直前的冲劲；这个世界，不怕疯狂的人，因为人一疯狂，就会失去理智，最后自取灭亡。只有冷静又疯狂，才能在纷乱的变局中，找准问题的本质，以冷静柔软的力量，将危机化解。"我们要经常问自己，有没有这样的执行力？

加强自我培训，提升执行力，超越自我。人生若是光有计划，没有坚决的行动，那人生之路依然是空白的。有一个单身汉懊悔地劝告别人："40岁的时候，我才开始考虑自己的婚姻，但是总也找不到自己心仪的姑娘，直到62岁我还是单身。我为这么大年纪还有结婚的念头而感到羞愧，最后放弃了结婚的想法！

"后来因为自己身患疾病，我连找一个僻静的地方作为栖身之所的愿望都落了空！我感觉十分困难和无奈，同时我是非常痛苦寂寞的。

"这是我一生的计划，但是一个都没有实现，什么也没有。其实，对于每天的工作也是一样，年轻人别去挑剔，努力去做吧。其实，好的运气就在前面。

"年轻人，你们现在还年轻，不要把时间都放在制订漫长的计划上，只要你想到要做一件事，就马上去做，世界上没有固定的事物，计划赶不上变化，放弃计划，赶快行动吧。

"管理是盯出来的，技能是练出来的，办法是想出来的，潜力是逼出来的。"

有经验的员工认为，去请示问题，不要带着问题请示，要带着方案请示。去汇报工作，不要评论性地汇报，而要陈述性地汇报。从这一过程中，上级可以看出你的执行力强不强。我们要站在老板的角度看问题，而不是看笑话，更不能认为自己执行不好，是老板的工作安排、布置出了问题。我们要像经营企业一样经营好自己的岗位，用高标准来严格要求自己。企业家只看结果，不看过程。过程再漂亮，再动人，没有美好的结果，等于什么都没有。所以，执行力的核心，就是要结果，交出让老板满意的工作答卷。

没有好的想法，就没有好的结果。"不是没办法，而是没有用心想办法。用心想办法，一定有办法，迟早而已。"执行的态度重于盲目的努力，成败在于态度选择之间。选择积极的态度会帮助你找到执行的方向感，选择坚忍不拔地去想办法努力执行是成功的关键。有智慧的员工认为，速度第一，完美第二；行动第一，想法第二；结果第一，过程第二。

职场箴言

张忠谋：要终身学习和独立思考

张忠谋是台湾积体电路制造有限公司的创始人，有"芯片大王"、台湾"半导体教父"之称。他领导的台积电，是攸关全球科技发展的重要基石。张忠谋为什么能成功？因为，身为企业创办人，他要永远比创办时更具前瞻性。怎么做？凭借的就是终身学习与独立思考。

张忠谋小时候身体不好，母亲买了很多书放在家里，他从《水浒传》读起，一本一本，养成了终身学习和独立思考的习惯与方法。"方法是有纪律、有系统、有计划。系统是一套套的学问，不是今天看一点小说，明天看一点历史，后天看一点艺术，这样效能很低。"张忠谋这样总结。正是这种终身学习的习惯和独立思考的精神，影响了张忠谋的一生。

人生的最高境界就一个"给"字

生命的意义在于付出，在于给予，而不是在于接受，也不是在于争取。

——巴金

一个人的价值，应当看他贡献了什么，而不应当看他取得了什么。

——爱因斯坦

商道榜样

河北迈亚生物科技有限责任公司是邯郸市重点企业、发改委战略新兴产业重点扶持企业，并已申请国家级高新技术企业。

迈亚科技成立于2014年，实缴注册资本5500万元，位于邯郸市广平县，占地96亩，建筑面积15000平方米。公司主营业务为生物科技及医疗器械，主打产品为医用空气净化器。

2019 年 7 月，迈亚科技获得国内首张"医用空气净化器"的二类医疗器械注册证，这款空气净化器是被国家药品监督管理局批准纳入医疗器械目录里唯一的医用空气净化器。

迈亚科技的医用空气净化系统，能够弥补中央空调的不足，减少感染机会，防止区域性传染，有效去除空气中的固态颗粒物、有害气体、微生物污染物。迈亚科技生产的医用空气净化器，滤芯可过滤 PM0.3，过滤效果可达 99.97%，应用于医院 VIP 病房、手术室、ICU、诊疗室、普通病房、传染病房等易产生细菌病毒交叉感染的场合，大大降低病人的病菌感染率，满足医院对空气洁净度的要求，切实保护医患健康。

面对 2020 年在全球蔓延的新冠肺炎疫情，迈亚科技运用自身产品和技术优势，为疫情防控做出了自己的贡献。

员工加油

"给"，是一种智慧，也是一种境界。

如果你到以色列，那么有一个必去之地，便是死海。关于死海的来历，科学上已经有详尽的解释。但如果你询问当地人，他们还会告诉你一个充满哲学的说法——所谓"死海"，就是因为它只进不出。人生也是如此，如果只求索取，不愿付出，最终也会变成"死海"。无论做人还是做事，都应该讲究一个"给"字。只有你愿意"给"

别人，别人才会回馈给你；只有你愿意"给"这个世界，这个世界才会还你精彩的人生。

无论是在工作上还是在生活中，都需要有"给"的智慧。有些人情商过人，有些人事业顺遂，如果仔细考察他的为人，你会发现在他的身上，其实处处都体现着"给"的智慧。

第一，你需要给别人信任。信任是沟通彼此的纽带和桥梁，你充分地信任别人，别人才能够充分地信任你。如果你生性多疑，那么你的疑虑必然会作用到别人的身上，因为每个人都能感知到对方内心的温度。

第二，你需要给别人理解。多体谅对方的难处，多从对方的角度思考，你会发现另一方天地。人与人之间多一份理解，世界上就会少一份误解，多一份宽容和和谐。理解就是给别人方便，同时也给自己一条新的出路。

第三，你需要给别人掌声。面对别人的优秀，不要吝啬你的掌声。一句夸奖、一个点赞，看似微不足道，实际上都能温暖人心。当你真诚地为他人喝彩，你也会获得同样真诚的掌声。

第四，你需要给别人礼节。我们是礼仪的国度，有"礼"才能走遍天下。尊重别人，谦让别人，虚心向别人请教，把别人的位置放在自己前面。有时候，当你谦卑地弯下腰，你会发现自己反而更加高大，这就是"礼"的魅力。

第五，你需要给别人诚信。人无信不立，诚信是为人处世的根本。一个人最大的资本是诚信，一个人最后的底线也是诚信。工作失败甚至破产都不可怕，可怕的是信誉的破产。当全世界都不相信你的时候，你才是真正的孤儿。

第六，你需要给别人帮助。不仅要锦上添花，更要雪中送炭。每个人都会遇到艰难的时刻，每个人都会有需要别人帮助的时刻。今天你在关键时刻拉别人一把，别人必然会在未来的日子里加倍还你。不要总是感叹世态炎凉，先从你伸手帮助别人开始做起。

第七，你需要感恩。滴水之恩，当涌泉相报，一定要永远铭记这个道理。别人在你艰难时送来的每一丝温暖，都是珍贵的生命之光。当我们被这束光照亮的时候，请记得继续拿它去照亮别人。如此，这个世界的温暖便可以接力下去。

除了以上几点，我们可以给别人的还有很多很多。无一例外，它们都是向善的，都是温暖的，也都是珍贵的。只要你愿意多"给"这个世界，这个世界必然不会亏待你。当你"给"这个世界的越来越多，你的人生之路必然也会越走越宽广。

职场箴言

马化腾：成功需要坚持耕耘

"我们不缺进来的用户，通过优秀的体验留住用户，才是我们的重点，口碑是可以通过优秀的产品体验累积起来的。"这是马化腾在腾讯内部培训员工时说的话。从中国网民必备的 QQ，到让三大移动运营商头痛的微信，腾讯的产品大多用户黏性极高，能做到这一点，和马化腾本人一直没有离开网络第一线有关，他对腾讯自己和竞争对手的产品都非常熟悉。

马化腾曾说自己的成功有一定的运气，其实了解他的人都明白，是"务实＋专注＋创业热忱"才让他拥有今日的成就。成功的路不会一直顺畅，坚持耕耘，保持事业激情才能助你成功。中国从来不缺激情和豪迈的创业者，也不缺一夜成功的故事，可是，永远执着地坚持耕耘，是很罕见的。

越遇工作挫折，越要自信自强

当危险逼近时，善于抓住时机迎头痛击它要比犹豫躲闪更有利。因为犹豫的结果恰恰是错过了克服它的机会。

——培根

许多人做事都是有始无终，开始满怀热情，但到了中途，往往会废弃而返，因为他们没有充分的坚忍力，足以使他们达到最终的目的。

——马尔腾

🛍 商道榜样

杨桂生，1963年1月出生，安徽潜山人。1990年获理学博士学位，年仅27岁就成为中国首位工程塑料博士。现为上海杰事杰新材料（集团）股份有限公司董事长，曾任安徽省工商联第十一届执行委员会副主席。

1984年，杨桂生以优异成绩毕业于合肥工业大学化工系高分子专业，继而入中国科学院化学研究所攻读研究生，于 1990 年 3 月博士毕业。毕业后留所工作，并因科研成绩卓著于 32 岁时被中科院破格提拔为研究员，后成为博士生导师。他先后以课题负责人身份完成了"聚烯烃工程塑料"等 11 项国家重大科技攻关项目、20 项院省级重大科技项目，出版专著 1 部，发表论文 100 多篇，申请发明专利 100 多件，培养博士研究生 25 名。他是我国工程塑料和复合材料领域学科带头人，1996 年成为享受国务院特殊津贴专家。

1992 年底，杨桂生携带 2000 元到上海创办上海杰事杰新材料（集团）股份有限公司，填补了我国工程塑料领域的多项空白并带动了相关产业的发展。如今，杰事杰新材料集团已成为我国新材料领域和上海市自主创新代表性企业之一，是近几年来党和国家领导人重点关注、主流媒体重点报道的自主创新、产学研合作和节能减排的先进典型之一。

杨桂生先后获得中国十大杰出青年、中国青年科技奖、中国科协杰出青年奖、紫荆花杯杰出企业家奖、中国科学院科技进步一等奖等奖励和荣誉称号，并被权威媒体评为"可能影响 21 世纪中国的 100 个青年人物"之一。

员工加油

成熟的人懂得熬，而不是逃。越有工作困难，越应迎难而上。

人生是熬过来的，工作的成果是熬出来的，人生的精彩多是逼出来的。试问成功的企业家，或者有成就的员工，他们哪一个不是经历了各种各样痛苦的熬，有时候甚至到了崩溃的边缘。遇到工作矛盾就躲避，遇到工作困难就退缩，那么人生始终处于逃避状态。必须明白做逃兵，是没有出息的，只能让人们瞧不起。只有懂得熬，学会熬，坚持熬，才能看到风雨过后是彩虹的美景。要让自己在生命中永不失望，在遭遇工作挫折时永不屈服，要让希望之光永不熄灭。

曾有一个绝处逢生的故事给我们启发。"二战"期间，一艘驱逐舰停泊在某港湾，突然一颗水雷漂了过来，全船惊愕，如临大敌。大家想了许多办法：起锚开走？已经没有时间了。发动引擎使水雷漂离？但是结果会适得其反。引爆水雷？不行，因为离舰艇弹药库太近。放下一只小艇，用竹竿挑走水雷？显然也不行，因为那是一枚触发水雷。突然一名士兵想到一个好办法，就是用水管向舰艇和水雷间喷水，制造的水流会将水雷带向远方，然后再用舰炮引爆它。危机过去后，这名士兵马上被提拔。我们总有陷入绝境的时候，但是一定不能绝望，而是要冷静面对，急中生智，激发生命的潜能。

工作遇到困境时，可以学学"会漂的肥皂"。某公司刚开始生产肥皂时无法赢得客户，加上激烈的竞争，处境艰难。一天，一个员工由于粗心，致使肥皂的配料中混入了大量的空气，大量原料有报废的危险。但工厂负责人发现，这种充气肥皂可以浮在水中，于是他宣布公司推出新产品：会漂浮的肥皂。当时许多居民在洗衣洗澡时，会丢失肥皂，所以这种可以漂在水面上的肥皂备受当地居民的青睐，公司因此接到了全国各地的订单。一次意外，却拯救了公司。我们要相信，办法总是比困难多，当陷入困境时，发动你的创造力，困难也能变成帮助你的及时雨。就像我经常说的那样，不良资产在有眼光的企业家手里就是金矿。

一篇叫《生命的立起》的文章说："生命需要空气、阳光和水分，因而干燥的沙漠里的生命都是生命和自然的奇迹。沙漠里有一种虫子，它们清早爬上沙丘，背甲对着晨风，立起娇小的身躯，晨风带来的湿气在背甲上凝成它们赖以生存的水珠。虫子的自然而不可思议的行为给我们感动和启迪，它靠着一滴水把生命不停地垫起。天地有大美而不言，人世间可以忽略的东西太多了，可以发现的东西太多了，因此偶然的发现就会让我们兴奋和感动不已。小虫仅仅因为一滴活命的水，便静静地在沙丘上立起，人呢？"当我们低头仔细看地上的世界时，就会更加懂得在职场上熬的哲学道理。

听过《爱拼才会赢》的歌词，你会明白"拼就是一种胆量的实践"。机会一般在逆境，熬过去就是顺境，熬不过去永远是逆境。要做个职场的强者，要有足够的拼搏精神，幸福才属于我们。贫困不是错，困难不是坎，只要我们有足够的信心去拼搏，仍然可以扭转危机，改变命运，走向成功。

工作环境再恶劣，工作条件再困难，也不要轻易放弃。压力有时候就是动力，伟大都是熬出来的，而不是享受出来的。受不了委屈，就难以收获成功的果实。人生最大的危机，不是他人的拒绝、不理解，也不是孤独和寂寞，而是你内心的脆弱。人生是现实的，职场是残酷的，同样是悬崖峭壁，有人用来耻辱自尽，而有人却用来快乐蹦极。你的世界是你创造的，你的一切是你经历的，能够拒绝这个世界的是你，能够接受的也是你。改变工作环境不容易，但是改变自己的内心却容易，心念一转，变不愉快为生活的动力，变抱怨工作为勤恳踏实，法宝在自己心里。熬过去，你就是英雄好汉。

职场箴言

雷军：保持你的勤奋和自律

雷军在创立小米公司时曾经说过："小米是我不能输的一件事，我无数次想过怎么输，但要真是输了，我这辈子就踏实了。"经过短短几年的发展，小米迅速成为国内最成功的手机公司之一。2019 年，小米全年手机出货量 1.25 亿台，全球排名第四，小米公司也进入了世界 500 强企业。

小米创造了太多的奇迹，而雷军本人也频频登上各大富豪排行榜，并且获奖无数。梳理雷军这么多年来的奋斗史，可以发现他有着极强的自律精神和勤奋。他一直保持着多年来的习惯，经常是小米科技走得最晚的人。也许有些人并不喜欢他，但可以确定的是，一个人的成功绝对是有原因的。雷军多年如一日的勤奋、自律，才成就了今天的他。

学会专心致志快乐工作

很少见到有人专心致志地去完成一件美好而正当的事。我们通常见到的，不是畏首畏尾的学究，就是急于求成的莽汉。

——歌德

事业常成于坚忍，毁于急躁。我在沙漠中曾亲眼看见，匆忙的旅人落在从容的后边；疾驰的骏马落在后头，缓步的骆驼继续向前。

——萨迪

🧳 商道榜样

王文银是谁？正威国际集团是干什么的？多数人看到这个在《2019 年胡润百富榜》上排名第 15 位的名字和这家中国第四大民营企业时都会打上一个问号。

在一个毛利率极低的行业，王文银只用了 24 年，就从 0 开始，做到 5200 亿元的营收，而且未曾借助过资本的力量。这实在有点不可思议。

说起王文银财富的快速积累,离不开他的三次"豪赌"。

第一次是 1997 年。亚洲金融风暴席卷而来,深圳几乎所有厂房的租金都打了对折,生产设备也大量滞销。王文银通过分期付款的方式,一次性囤了 100 台设备,还获得了整个深圳最大规模的厂房。正威集团正式成立,这次抄底帮王文银站稳了脚跟。到 1999 年,正威集团的总资产已经超过 10 亿元。

第二次是 2003 年。"非典"时期人心惶惶,资本快速逃离,矿产资源价格跌入谷底。王文银坚持在全球范围内并购了储量 300 多万吨的矿产资源,还以 5000 万元的低价拿下了深圳 30 万平方米的土地,开发成精密控制线缆产业园。"非典"过后,王文银手中的铜矿价值翻了几倍。正威也顺势打通了"采矿—冶炼—加工"的全产业链,产值迅速突破百亿元。

第三次是 2008 年。金融危机导致铜价暴跌到 2 万多元每吨的历史最低点,王文银在现货和期货市场双线出击,收购了数十万吨铜材,市场回暖后以 4 万元—8 万元每吨的价格出手,获利颇丰。同时,王文银还在全球范围内并购了几十座矿厂、十余家铜加工企业,一举成为铜行业最大的"庄家"。正威的资金也借此实现了千亿级的裂变。2008 年,正威集团营收才 116 亿元,10 年内一路涨到了 2017 年的 4948 亿元。

"人生最大的风险就是不敢冒险。每一个成功的人其实都是一

个'疯子',非常之人,方能行非常之事,建非常之功。"王文银如是说。

员工加油

一心一意万事成,三心二意失良机。

歌德说:"一个人不能骑两匹马,骑上这匹,就会丢掉那匹。聪明人会把凡是分散精神的要求置之度外,只专心致志地学一门,学一门就要把它学好。"专心致志快乐工作与拥有多少财富、获得多少报酬没有多大关系。你见过一个快乐的富人吗?其实他们也有痛苦,担心财富的安全,担忧财富的贬值。只有工作中的快乐时光,才让人享受,才能让人找到人生的真谛。要寻找人生的快乐,工作的快乐,必须找对地方,那就是向自己的心求。今天喜欢这个工作,明天又讨厌这个工作,三天打鱼两天晒网,面对喜欢的工作热情万分,面对不喜欢的工作怨气满满,这样就不可能有积累有收获。今天看这个好,明天想那个好,跳来跳去的工作态度,会使得机会成为痛苦的陷阱。

认真的态度,可以让人活出精彩。有个叫"钥匙的试验"的故事:科学家请试验人员帮他打开一把锁。试验人员被分成四组。第一组,科学家给他们一串钥匙,说能打开锁的钥匙有可能在这一串里面;第二组,科学家同样给他们一串钥匙,不过肯定地说,钥匙就在这一串当中；第三组，科学家只给他们一把钥匙，说试试看，是不是这把。第四组，科学家同样只给他们一把钥匙，肯定地说就是这把！结果，第四组人员全部在最短的时间内打开了锁；第三组，竟然有一人没打开锁；第二组，所有人都打开了锁，不过一半多的人用了好长时间；第一组竟然只有一人打开了锁。让人惊讶地是被给了一串钥匙的人，反而迷茫了；给了一把钥匙的人却幸运多了，因为他们没有别的选择，所以大多数人都成功了。这个故事说明专心致志工作的重要性。

每个人都有某种特长、潜质，你穷尽心智、痛苦不堪追求的东西，未必是适合你的，所以要探索自己，发现自己，找到自己的特长，走适合自己的路，这样才会成功。发现你自己的专长，并且尽量扬长避短。个人优势再加专心致志工作，是取得成功的关键。

泰戈尔说："只有经过地狱般的磨炼，才能炼出创造天堂的力量；只有流过血的手指，才能弹奏出世间的绝唱。"从下面这个小故事我们可以获得启发。有一个人痴迷音乐到了无法自拔的地步，却阴错阳差地进入了金融公司工作。他以三心二意的状态应付工作，虽然喜欢音乐，却因天赋有限，二胡拉得涩如锯木，却固执得不肯放弃。工作两年之后，他所谓的爱好并无长进，工作的处境也十分不妙，在一次偶然的机会中，朋友发现了他每次练完乐器之后所记录的对音乐的感受，文字丝丝入扣，对心灵的探索动人心扉，对音乐的描述入木三分。比起听他拉二胡，他们更喜欢他的文字作品。

于是，朋友们劝他弃金融业和音乐去从文，他于是开始专心致志勤奋写作，最终成绩斐然，出版了不少受到人们欢迎的作品，并找到了一份自己喜欢的工作：写作。

良好的态度，成就快乐的人生；恶劣的态度，导致郁闷的人生。人生的机会是靠自己创造的，只有专心致志、真抓实干才能把机会抓牢。比如"西红柿刚被带到欧洲时，人们认为食用西红柿会带来生命危险。但美国人罗伯特专心致志推销，从不气馁，特别是通过一次大胆食用西红柿的行动告诉在场所有人西红柿没有毒，从此西红柿开始被广泛食用。倘若没有罗伯特的那一口，恐怕西红柿的美味至今无人知道"。很多成功的企业家曾给出忠告："不论是工作还是生活，做事不要畏畏缩缩，要专心、勇敢、大胆去尝试，胆大心细才能走出一条不一样的路。"

职场箴言

俞敏洪：在绝望中寻找希望，人生终将辉煌

新东方创始人俞敏洪曾说过："人分两种，一种人有往事，另一种人没有往事。"进入新东方的学员，在学习英语的同时，也在学习和传播俞敏洪的往事，传播其他新东方老师和学生的往事，这些往事或平淡实在，或跌宕起伏，或感人至深，但所有往事都是关于真实与奋斗的故事。

"我真心希望大家能从这些故事中，读出一点人生的痛苦、一点挣扎、一点不屈、一点顽强、一点辉煌；我也真心希望，大家能从痛苦中读出快乐，从绝望中读出希望，从黑暗中读出光明，从迷雾中读出方向。"俞敏洪如此解释新东方的校训："在绝望中寻找希望，人生终将辉煌！"俞敏洪认为这是新东方的精神力量之所在，也正是这种精神，改变了俞敏洪的命运。

做人靠谱！做事靠谱！

自以为聪明的人，往往是没有好下场的，世界上最聪明的人是最老实的人，因为只有老实人才能经得起事实的历史的考验。

——周恩来

诚实的人必须对自己守信，他的最后靠山就是真诚。

——爱默生

商道榜样

他白手起家，20 岁就赚到了人生的第一个 200 万元。2019 年，企业总营收 5567 亿元，进入世界 500 强。他就是恒力集团董事长兼总裁陈建华。

陈建华来自江苏苏州，回顾他的创业史，我们可以看到一个非常励志的故事。他 14 岁便辍学，进入丝绸行业"闯荡"，从收购工厂的废丝做起，之后经营白厂丝生意。通过不懈努力，他20岁就赚到了200万元，展露出过人的商业天赋。

1994年，陈建华人生的转折点，他买下濒临破产的吴江化纤织造厂，踏上创业征程。经过他大刀阔斧的改革，这个小厂焕发生机，走出了困境。随后，陈建华还买入先进设备，大幅度提高产能，织造厂由此步入正轨。

1997年，陈建华再次遇到挑战，亚洲金融危机爆发，国内纺织行业产能过剩，很多纺织企业倒闭了。陈建华却在危机中看到了机遇，他逆势而为，买下先进设备，在市场回暖之后，加大产能，获得巨额利润。

目前，恒力集团旗下有恒力石化股份有限公司、广东松发陶瓷股份有限公司、苏州吴江同里湖旅游度假村股份有限公司3家上市公司及20多家实体企业，在多地建有生产基地，建有国家"企业技术中心"，企业竞争力和产品品牌价值均列国际行业前列。

事实上，在恒力集团的发展历程中，陈建华多次遇到各种问题和挑战，但他每一次都能够化危为机，扭转局面。如今，恒力集团已经成为全球最大的织造企业，陈建华也由此成就了他的人生传奇。

✈ 员工加油

　　靠谱是员工的名片，巧伪不如拙诚。一个员工最好的信誉是什么？是靠谱！做人靠谱，做事靠谱，事事有结果，件件有落实。从接受任务到完成任务，一个环节接着一个环节，不但让人觉得踏实可信，而且出成果出成绩。孔子《论语·为政》说："人而无信，不知其可也。"说谎话的人所得到的最后结果，就是即使他说真话也没有人相信。小时候听过"狼来了"的故事，至今记忆犹新。一个人老是谎称"狼来了"，就没有人相信他，结果狼真的来了，但是没有人去救助他，经常说谎言的人就被狼吃了。所以我们要一言九鼎，遵守诺言。人生最让人瞧不起的是随口吹牛，随便忽悠，经常许诺，从不兑现。邓小平同志说："少说空话，多做工作，扎扎实实，埋头苦干。"这应当是我们的座右铭。

　　克制自己的忽悠，是对他人的尊重，也是一个人的自我修养。很多时候，诚信是一种强大的力量，能抵御他人的诋毁和恶意。不诚信的言行，就像一把无情的利剑，既刺伤了他人的心，也让自己陷入不安和恐惧中。不诚信的言行，既暴露了一个人真实的修养水平，又失去了人们的信任。真正有底气的人，从不与人在虚伪的语言上较高低，而是以真才实学服人。尘世纷扰，到处都有是是非非。心里无是非，眼里自然处处是美景。内心有力量，语言有力量，行动有力量，人生才有力量。

　　工作就是一种修行，修行就是修心，诚信会给人带去踏实和平和的心境。修得一颗平常心，时时处处是快乐的天堂；修得一颗满足心，无处不是幸福的家园。人有诚信，就有大格局，看得宽、看得开、看得淡。人要有大度量，首先就要诚信、踏实。不要把太多精力放在鸡毛蒜皮的争名夺利上，尤其是利用不诚信的手段去换取名誉和利益。何必为了一时的蝇头小利与人争个头破血流，我们要相信时间是最好的医生，受过的损失与忍耐过的委屈都会在未来以不同的形式补偿给你。工作的智慧都从清净、宁静的心自然流露出来。每天尔虞我诈，吹牛忽悠，每天心浮气躁，不踏踏实实工作，不可能开启人生的智慧。

　　评价一个员工，关键看两点：一个是他的语言，另外一个是他的工作行为。懂得诚信、踏实，就是懂得尊重自己。心中有自律，出门有诚信，就能树立好口碑。员工的好口碑，是自己修养的结果。真正成熟的人，都是从我做起，对于别人说错的话，做错的事，不会放在心上，更不会因别人的不诚信产生的过失而影响自己的心灵，他反而会对自己的言行进行严格要求。曾国藩说："富贵功名，皆人世浮荣，惟胸怀浩大是真正受用。"胸怀浩大就是心量大，拿得起放得下，船过水无痕，鸟飞不留影。

　　曾有一个"500尾小金鱼"的故事对我很有启发："商人到小镇去推销鱼缸，鱼缸虽然精致但无人问津。怎么办？是忽悠作假售卖，还是运用智慧寻找办法？商人选择后者。他找到一个卖金鱼的人，付给他钱，让他在穿过小镇的水渠上游放生500尾金鱼。半天时间，水渠里有金鱼的消息传遍了小镇，人们争相捕捉小金鱼，捕到金鱼的人去买鱼缸，而没捕到鱼的人认为将来一定能捕到鱼，也争相去买鱼缸，没多久商人的鱼缸售罄。"这则故事虽然是虚构的，但它让我明白了一个道理。"将欲取之，必先予之"，抛舍生活里的砖，引出人生的玉，这是镀亮人生苦旅的最好方式。为卖不出去鱼缸而无聊苦恼、无奈煎熬，是可悲的；假如采用忽悠办法去买卖，也是低劣的手段。因此，最重要的是积极去想好的办法。

职场箴言

埃隆·马斯克：迎接挑战就是激励自己最好的东西

"世界上有很多负面的东西，有很多可怕的事情发生在世界各地。"特斯拉 CEO 埃隆·马斯克在 HBO 电视网的一个节目中曾经说过，"有很多问题需要解决，有很多事情是悲惨的，有点让你失望。"但马斯克建议找到有目的的工作，专注于你可以影响的积极变化。"生活不仅仅是解决一个又一个悲惨的问题，这不可能是唯一的问题。"他说，"需要有能激励你的东西，让你很高兴早上醒来，成为人类的一部分。"

埃隆·马斯克完全可以称得上是一个"跨界"的技术狂人，他一个人挑战了三个难度系数极高的企业——光伏发电、航空航天和电动汽车。他创立的三个产业，都堪称新科技创新企业的代表。对他来说，迎接挑战就是激励自己最好的东西。

你是属于该被裁掉的那位员工吗

卓越人的一大优点是：在不利和艰难的遭遇里百折不挠。

——贝多芬

每一种挫折或不利的突变，是带着同样或较大的有利的种子。

——爱默生

🗂 商道榜样

1978 年，年仅 17 岁的闻健明从富阳场口中学毕业参加高考，填志愿时他选择了上海海运大学航海驾驶专业。他的想法其实与其他农村孩子一样简单，那就是做个船员能外出见见世面。而如今，他不仅有了自己的公司——世联国际集团，还将事业做到了国外。

说起闻健明的创业史，还要从 1992 年的一场车祸说起。当时，研究生毕业的闻健明就职于中国海员对外服务总公司，被外派到泰国工作。那场车祸造成一死两重伤，闻健明死里逃生，回国养伤半年，躺在病床上，他决定要换一种活法。

当时已是副处长的闻健明，毅然放弃了"铁饭碗"，招了四五个人，租来十几条船，组建了世联航运公司。由于闻健明对航运业比较熟悉，市场判断准确，公司第一年的利润达四五十万美元，以后每年以翻一番的速度增长。如今，世联已发展成为涉及国际航运、进出口贸易、投资等领域的股份制集团公司。

闻健明有运筹帷幄的儒将风度。他名下有两家公司，对外的世联国际(控股)集团公司和对内的北京力勤投资有限公司,在加拿大、中国香港分公司，涉足电力、房地产、航运、资产管理等行业。目前，公司已形成了开采、运输、销售一条龙的产业链，年营业额达80多亿元。

谈起多年经营之道，闻健明强调"做事踏实，做人低调"，他说："要选择熟悉的行业，这样风险比较小，选定之后就要在这个行业里持之以恒地奋斗。"

周末，闻健明会约上同学、老乡到家里来一个烧烤聚会，或与好友打打高尔夫。对于闻健明来说，经商只是生活的一部分，艺术和家人是他快乐的源泉。

⟁ 员工加油

　　有微信文章说："一大清早被闹钟吵醒，说明还活着。不得不从暖被窝爬出来，说明还没失业，衣服越来越紧了，说明吃得还算有营养"。今天你不努力工作，明天你就去找工作。有人说得好："一盏一直亮着的灯，你不会去注意，但是如果它一亮一灭，你就会注意到。每天吃饭、睡觉、上班，你不会觉得自己幸福，但是当有一天你遭遇了失业，你会突然对眼前的一切特别珍视！"《商道国学大智慧》中假设了这样一个场景：西游记团队为了节约成本需要裁掉一个人，如果你是老板，你会裁掉谁？答案令人深思。

　　有人这样分析：唐僧是项目经理，孙悟空是技术核心，猪八戒和沙和尚是普通团员，白龙马是老板座驾，团队的领导是观音。唐僧作为项目经理，有很坚韧的品性和极高的原则性，不达目的不罢休，又很得领导支持和赏识。沙和尚言语不多，任劳任怨，承担了项目中挑担这样粗笨无聊的工作。猪八戒这个成员，看起来好吃懒做，贪财好色，又不肯干活，最多牵下马，好像留在团队里没有什么用处，但其实他的存在很重要，因他性格开朗，能接受任何批评而毫无负担压力，承担了润滑剂的作用。最关键的是孙悟空，他是这个团队的核心，但性格极端，有过大闹天宫的历史。白龙马是唐僧办公、出差用的座驾，是身份地位的象征。

　　该裁掉谁呢？

　　唐僧肯定不能裁，没有他就不可能完成任务——取经，他是项目最为关键的人物。孙悟空法力高强，技术精通，业务能手，一路排除艰难险阻，保驾护航，确保师傅生命安全，取经道路顺畅。况且他在神魔两界都有关系，各路神魔见了也要让其三分。虽然有大闹天宫的前科，但在五指山下反省和历练，为人处世及脾气有所改善。创业之路上，虽然多次受师傅气，且时常发脾气，可最后还是回到师傅身边，共渡难关。俗话说："人非圣贤，孰能无过。"想成大业，唐僧必须要有长远眼光看问题，取舍就在一念之间。有能力的人肯定是有个性的人，就看领导怎样去用好他，扬长避短，把他的特长发挥到极致。不能没有孙悟空，一个团队若是光有司令，没有战士，只留几个烧菜的后勤人员，打仗必败。

　　猪八戒，原本是天蓬元帅，因好色，毁掉前途。能当上元帅，肯定有过人之处，比如他的沟通能力强。他性格开朗，充满活力，特讨女人喜欢；受尽孙悟空的欺负，经常背黑锅，能够接受任何批评而毫无思想上的负担压力，心态特别好，依然开心做好本职工作。他在项目组中承担了润滑剂的作用。如果一个团队没有"开心果"，只有一股沉闷的氛围，没有活力和欢乐，想必会产生不良后果。欢快地工作，才能有好的绩效，所以，猪八戒不能裁。白龙马，他是唐僧的座驾，是身份地位的象征，总不能叫唐僧出差办公坐公交车或步行吧。同时，白龙马也大大提高了唐僧的工作效率，间接节约了成本，因此也是不能裁的。而沙和尚，相当于企业中的辅助工、搬运工，虽然任劳任怨，埋头苦干，但没有技术含量，可替代性高。为节约企业成本，可以把沙和尚的任务分给团队其他成员。所以，必要时候裁掉沙和尚，是比较合理的处理方法。

综合以上分析，最佳的选择只能是裁掉沙和尚。

从上述的案例中，我们可以知道，光埋头苦干是没有用的，要想在当今社会立于不败之地，不被轻易淘汰，必须拥有一技之长，提升自己的核心竞争力，提高自己技能的含金量，成为不可替代的那一个。只有这样，我们才能笑到最后。

职场箴言

李彦宏：保持你的专注

作为百度的创始人，李彦宏曾经被员工们私下戏称为"唐僧"。他嗓音醇和有磁性，讲话既不高亢也不低沉，为人温和内敛，思维缜密，另外也因为他对一些事情交代得过于琐碎，故而获得了"唐僧"的戏称。

李彦宏说："我是一个非常专注的人，一旦认定方向就不会改变，直到把它做好。"正像唐僧坎坷跋涉西天取经的专注一样，即使不被人理解，李彦宏始终对中文搜索技术孜孜不倦，梦想做"属于中国的全世界最好的搜索引擎"。因为这份痴迷，他当初甚至砍掉了利润丰厚的彩信业务。李彦宏曾多次强调："我们只做一件事情，那就是中文搜索。"

正确处理好工作与健康的关系

不要用珍宝装饰自己，而要用健康武装身体。

——欧洲谚语

健康是最好的天赋，知足为最大的财富，信任为最佳的品德。

——释迦牟尼

商道榜样

她是珠海格力电器股份有限公司董事长、总裁，2016 年中国十大年度经济人物，在《全球最具影响力女性榜》名列第 44 位；她没有江南女子特有的温婉，更不是肤白貌美，却凭借着精明干练的做事风格，一手把格力带到了世界 500 强。她就是大家熟悉的网红董事长——董明珠。

提起董明珠，竞争对手们是这样形容她的："董姐走过的路，都长不出草来。"可见这位铁娘子的厉害之处。而格力内部的员工这样评价自己的女上司："说话铿锵有力，做事雷厉风行，即便不化妆，她也比实际年龄看起来年轻许多。"

1954年，董明珠出生于江苏南京一个普通人家。1975年参加工作，在南京一家化工研究所做行政管理。36岁以前，她的生活也是平淡无奇，没有人会想到，36岁以后的董明珠，却用自己的坚韧和执着创造了让人佩服的职场传奇。

1990年，董明珠毅然辞去工作，南下打工。当时已经36岁的她，到了格力公司，仍要从一名基层业务员做起。不知营销为何物的董明珠凭借坚毅和死缠烂打，40天追讨回前任留下的42万元债款，令当时的总经理朱江洪刮目相看，这也成为营销界茶余饭后的经典故事。

这位女强人的创业传奇就是从这里开始。靠着勤奋和诚恳，董明珠不断创造着格力公司的销售神话，她的个人销售额，曾经飙升至3650万元。

就这样，一步一个脚印，董明珠从一名基层业务员成长为格力的总经理、董事长、总裁，创造了商界独一无二的奇迹。

✒ 员工加油

　　工作要加油，健康管理也要加油。你有崇高的理想要去实现，你有能力可以改变环境，甚至征服世界，但是如果你没有健康，那就只能是空谈。我在中国人民大学一个论坛的演讲中谈到"人生资产负债表"问题，核心6个字，中间是"平安"，左边是"健康"，右边才是"财富"。健康第一，没有健康，等于人生什么都没有。你会工作，还要会休息。一张一弛，文武之道。"人一生可以干很多蠢事，但最蠢的一件事，就是忽视健康。"健康不是一切，没有健康就没有一切。看复旦大学教师于娟的临终日记，看到她问"为什么得癌的会是我"时，我心里非常难过。于娟，山东济宁人，生于1978年，是复旦大学的一位优秀青年教师，本来前途一片光明，可就在这个时候她被确诊为乳腺癌，并且很短时间内就辞世。日记里她除了描述患癌后心情之外，还反思出了自己得癌的四大因素：

　　一、经常熬夜。

　　她在日记里说道："在查出癌症的时候，我的肝有几个指标偏高，但是我此前没有任何肝脏问题。"

　　后来经专家提醒，她才知道，原来是自己经常熬夜的缘故。肝脏是人体的代谢器官，一旦受损就会连累全身。而晚上11点后就是肝脏的排毒时间，如果此时你还在工作，肝脏就得不到休息，持续"超负荷工作"会导致肝功能退化。

二、胡吃贪吃。

于娟很喜欢尝鲜，河豚、驯鹿、麂子、孔雀、锦雉、野猪她都吃过，之后她也深刻反省自己：这样暴虐地吃生灵，实在罪孽深重。

再者，她还很贪吃。吃东西总是大口大口的，而且一次能吃很多。所以她觉得她会得癌，跟吃有很大关系。

生活中很多人跟于娟一样，喜欢暴饮暴食，尤其是现在的上班族，为了下午不挨饿，只能中午往多了吃。

三、过度劳累。

于娟说自己是一个"2W 女"，意思是只有在考试前两周才开始复习，所以在这段时间会尽情地折磨自己，只想着把书看完，把健康和身体都统统抛之脑后。据她描述，最多的一天她看了 21个小时的书。这样的强度，就是再好的身体也是吃不消的。

不完全统计结果显示，我国每年因"过劳死"的人就达 60 万人多，已成为"过劳死"第一大国。

跟以往不同的是，过劳死不再仅指体力劳动者，就连从事脑力劳动者的年轻白领也深受其害，而且很多行业都存在这个现象。

四、环境问题。

于娟描述我们国家的环境：空气呛，超市吵，街道上到处都是车，等等。这些已知的环境污染，除了会引起身体不适之外，也是重要的致病因素。

我们可以从中得到什么样的启迪？

心理平衡，生理平衡，身体安静，预防疾病。宽厚待人，严于律己，知足常乐，不攀不比。笑一笑，十年少，笑口常开，健康常在。愁一愁，白了头，天天发愁，添病减寿。心胸狭隘，鼠肚鸡肠，斤斤计较，命不长久，宽宏大度，心旷神怡，处事大方，长寿健康。

清代名医张培仁在《妙香堂丛话》中说："人常和悦，则心气充而五脏安，昔人所谓'善养欢喜神'。"一个人能不能健康长寿，要看他生活和工作的心态是否平和通畅。经常怀揣一颗平常心，对于一切顺其自然，处之泰然，这不仅是正确的工作方法，而且蕴涵着深刻的人生哲理，蕴含着养生长寿的奥秘。心态平和也意味着有好的人缘，常和人友好沟通交流，有助于舒缓寂寞空虚。有百岁老人说，人生只知欢喜，而不知忧恼，心常欢喜，五脏六腑都安泰自得，长瘤结石的机会就少；心地和悦，没有竞争心，情绪不大起大落，吃东西香甜，睡觉魂清梦安，哪能不长寿？如果我们在工作和生活中，天天受气、生气、烦恼和痛苦，怎么可能不生病？

职场箴言

李开复：要培养你的社交能力

作为创新工场的创始人，同时也加盟过微软，做过谷歌中国区总裁的李开复对职场发展有着自己独到的心得。他曾多次强调，培养社交能力，尤其是在公司内部建立自己的人脉网络非常重要。

大多数从事技术工作的人，对人际交往通常都有着排斥甚至是恐惧的心态。李开复刚开始也不喜欢社交，但他意识到"如果一个人都不认识，那么我在公司会失败的"。于是，他下定决心改变自己。刚到微软的时候，他就拿来登记着几百名高管联系方式的名单，逐个打电话约一起吃午餐，在吃饭的过程中又请这名高管介绍另一名高管认识。一年之后，李开复发现自己在公司内的关系网已经有了显著的扩大。

要做精益求精的一流员工

我对青年的劝告只用三句话就可概括，那就是：认真工作，更认真地工作，工作到底。

——俾斯麦

治玉石者，既琢之而复磨之，治之已精，而益求其精也。

——朱熹

📎 商道榜样

阿里巴巴是中国互联网历史上的一个奇迹，而这个奇迹的创造者就是马云。

提到马云和阿里巴巴，人们不自觉地都会把时间推回到1999年，连同马云在内的"十八罗汉"，凑出50万元创立了阿里巴巴。在当时，50万元不过是新浪、搜狐、网易这些门户网站的一笔小小的广告费而已。就是在这样的条件下，马云喊出了他的创业宣言：我们要建立世界上最大的电子商务公司，要进入全球网站排名前十位！

可以想象，在当时的绝大多数人看来，马云的目标无疑是天方夜谭。然而，时间给了马云最好的证明，也让当初嘲笑他的人哑口无言。

2007年11月6日，阿里巴巴在香港联交所上市，市值200亿美元，成为中国市值最大的互联网公司。2014年9月19日，阿里巴巴集团在纽约证券交易所正式挂牌上市，创造了美股史上最大IPO纪录。2019年10月23日，《财富》未来50强榜单公布，阿里巴巴集团排在第十一位。2019年12月，阿里巴巴集团入选"中国品牌强国盛典榜样100品牌"。

如今，阿里巴巴已经成为一个庞大的互联网企业。马云和他的创业团队缔造了中国互联网史上的奇迹。也许你认为马云恰逢时运，你生不逢时；也许你认为马云资金雄厚，你身无分文；也许你认为马云鸿运高照，你"霉"字当头。但你不要忘了马云两次高考落榜，做过搬运工，蹬过三轮，当过小贩；你不要忘了阿里巴巴创业之始，大家要集资才能创业，马云要靠借贷才能发工资；你不要忘了中国黄页推出之初，很多人说马云是骗子。

马云的成功绝非偶然，那是智慧和勇气的结晶，是信心与实干的结果，也是领袖与团队无间的结合。

✈ 员工加油

不要做平庸的员工，而要做一流的员工。德鲁克认为："一个组织就像一个生物系统一样，以某种关键方式在运转，其内部质量的增速要高于外部面积的增速。因此，当公司不断扩张，越来越多的能量，被用于支撑企业内部，而不是连接外部业务。在一个关键岗位上，一流员工所创造的价值，要远远高于数个二流员工所做的贡献之总和。"

因此，对于企业家来说，要找到真正优秀又合适的员工，安排给他们重要的工作，赋予他们更多责任，让他们最大化地发挥自己的潜能。"人越少，内耗越小，组织就越完美。"

如何做一个精益求精的一流员工？最重要的就是有良好的工作态度，以积极心态工作：敬业、忠诚、高效和尽力。每天都要有好心情去工作，不要用等价交换的心态去工作，不要太看重回报，要充满热情地工作。我们要拥有良好的工作习惯。有时间观念、主动工作，自信能够圆满完成工作任务，别成为是非中心，拥有和睦的人际关系，不要总是去抱怨或者去妒忌，自觉保持谦虚的工作态度。管理自己，不断提高自己，不断学习，不断更新，学习工作的技能，学习为人处世的技能。我们要克服浮躁的工作心态。工作不认真，吃亏是自己，与其为工作烦恼，不如努力工作。也不要把工作当作鸡肋，别去攀比和烦恼，珍惜你的工作机会，学会选择，懂得放弃，等等。

学会扬长避短，做自己擅长之事。人有短有长，要经营自己的长处。我们应该明白自己不是全才，绝大部分事情，都不能完全胜任。"解决问题的关键，不是让我们想办法把自己不胜任的事情做好，而是要想清楚我可以把什么事情做得最好。"

必须最先弄清楚自己的优势是什么，有什么与众不同的能力，是否能在某方面游刃有余。更重要的是，确认自己是否已将优势运用到自己的工作和生活中。德鲁克认为："专注于改善自己的弱点并提升自己的行为，是没有实际意义的。唯有依靠优势，才能真正实现卓越，人不能依靠弱点做出成绩，从无能提升到平庸所要付出的精力，远远超过从一流提升到卓越所要付出的努力。"

德鲁克提出的"专注优势"原则，是否意味着我们就要忽视自己的弱势呢？也不是。德鲁克认为，如果你天生就是一个长跑运动员，就不要尝试去做一个橄榄球中线卫；与此同时，你必须全力克服阻碍你全面施展天赋的那些缺点。

比如在迈克·乔丹职业生涯末期，他再也不能像年轻时那样飞向篮筐，但是他消除了一个重要缺点，将自己逐渐消失的跳跃能力转化成另外一种可以在赛场上杀死比赛的进攻手段——后仰跳投。做你擅长的事情，并在这个领域中尽力消除你的弱点，把这件事做得越来越好，精益求精，力争成为一流员工。

职场箴言

王来春：不要放弃自我成长

1988 年，21 岁的她只是富士康流水线上一名普通工人，现在的她则身家百亿，2020 年以 580 亿元财富位列《2020 胡润全球白手起家女富豪榜》第 4 位。2017 年，福布斯发布《中国最杰出商界女性排行榜》，她排在第 18 位。她就是"中国最牛打工妹"、深圳立讯精密工业股份有限公司董事长王来春。

说起当初在富士康的成长经历，王来春最大的收获就是：不要放弃自我成长。她虽然只是一个普通的一线女工，但从来没有放弃过自我学习。领导的培训课，她认真听；公司提供的课程，她也认真学习。日复一日的学习，让她在一群打工妹中脱颖而出。她在富士康待了整整 10 年，一路到了当时大陆人能在富士康担任的最高职位，管理着数千名员工，并最终创造了很多人眼中的不可能。

满怀感恩去工作

蜜蜂从花中啜蜜，离开时营营地道谢。浮夸的蝴蝶却相信花是应该向它道谢的。

——泰戈尔

忘恩比之说谎、虚荣、饶舌、酗酒或其他存在于脆弱的人心中的恶德还要厉害。

——英国谚语

商道榜样

　　王传福 2003 年进入汽车行业，现为比亚迪公司董事局主席。从昔日的电池大王到今日的汽车大亨，王传福的创业经历吸引了很多人的关注。王传福出身贫寒，他的成长道路充满艰辛，却同时磨炼了他的坚韧意志。他的那种韧劲，那种狂性，让一般的企业家难以望其项背，更是"80 后"创业者学习的榜样。

成立一个公司并不难，生产一个产品也不难，难的是如何将尽可能小的投入变为尽可能大的产出。这就需要眼光，需要冒险。很多人创业失败不在于缺乏资金，而在于缺乏眼光和冒险精神。而回顾王传福的创业历程，他拥有的最大的资本，就是战略眼光和冒险精神。

时至今日，名誉和财富对于王传福已经无所谓了。相应的，随着个人财富和公司财富的增加，给王传福带来更多的是责任和压力的增长。他现在要对近3万名员工生活负责，有很强的社会责任约束。从电池行业进入自己并不熟悉的、全新的汽车行业，这本身就是极大的挑战。因为有了这种挑战，也因为背负的社会责任，王传福在要求公司所有员工加强学习迎接挑战的同时，更主动带领大家打造一支敢于冒险的团队。

"发展企业与人生成长都像攀登一座山一样，而找山寻路却是一种学习的过程。我们应当在这个过程中，学习笃定、冷静，学习如何从慌乱中找到生机。"王传福说："冒险精神给比亚迪的初期发展带来了举世瞩目的成就，同样，比亚迪要成为汽车大王，同样需要冒险精神，更需要一支敢于冒险的企业团队。"

员工加油

虽然工作的环境不一定尽善尽美，但依然要满怀感恩去工作，感谢每一次的工作机会。遇到宽厚的领导和同事要感恩，遇到苛刻的领导和同事也应当感恩，感谢他们教会自己工作、生存之道。工作技能，不是天生的，而是自己刻苦努力学习的结果。经常激励自己，积极努力工作，一定有好的结果。工作的主动权，掌握在自己的手里，而不在别人手中。改变不了工作环境，但可以改变自己的内心，让自己对工作有热情有干劲。内心愉快，就会热爱，热爱就有积极力量。内心厌恶，就会烦恼，烦恼就会催生消极情绪。

感恩工作过程中的各种磨难让你获得宝贵经验。事不逼不成，马不打不快，千里马也需要有马鞭，保持适度的工作压力，有利于任务的完成，取得事业的成功。工作被别人轻蔑时能平静一笑，是一种自信；受别人误解时能微微一笑，是一种素养；吃亏时能开心一笑，是一种豁达；受委屈时能坦然一笑，是一种大度；无奈时能达观一笑，是一种境界；危难时能泰然一笑，是一种大气。放开胸怀做事，站稳脚跟做人。不论做什么工作，都要认真踏实去做。不问收获，只问耕耘。要以一颗欣赏的心看待同事，乐于向同事学习，乐于向同事请教。

学会感恩，就能快乐工作，同时也会工作快乐。不要向别人寻找快乐，而是要在自己内心培养快乐的因子。工作中的每一个环节都蕴藏着快乐。要让快乐不断扩张，让快乐鼓舞和影响自己以及周围的同事。在工作之路上，我们犹如行驶的汽车，必须根据路况的不同，随时调整自己的车速。控制好工作节奏，调整好工作情绪，是做好工作的关键。世界上没有快乐的地方，只有懂得快乐的人。之所以觉得工作不快乐，是因为计较得太多，感恩得太少。一个人的智慧总是有限的，不能自以为是，我行我素。"三人行，必有我师"，要看到自身的弱点，乐于在工作中向别人学习，不断提升个人的素质。时刻都要避免愤怒、烦恼和沮丧的工作情绪。倘若你的心是痛苦的，那么你眼中的工作的环境都是糟糕的。倘若你享受工作，那么你会感受到周围都是喜悦的东西。

满怀感恩去工作，就能够端正自己的工作态度，从言行上严格要求自己。不要小看自己的工作态度，因为那实际上就象征着你的人生之路。谁不认真工作，谁心烦意乱对待工作，谁的人生就会缺少希望。在正常的情况下有超常发挥叫优异，在超常的情况下有正常发挥那才叫卓越。有 1 件事情，能做得好只叫合格；有 10 件事情，能做得好是优秀；有 50 件事情都能做好，那就叫出众。在提高工作技能的同时，不要忘记提高自己的表达技能。私下提意见叫补台，当众提意见叫拆台。口无遮拦的人难成大事。只有埋头工作，没有思考，也永远不可能成功。思想就像刀，越磨越锋利；思想有时候也像石头，只有碰撞才能产生火花。越是马马虎虎地对待工作，粗心大意地对待自己，越会把工作环境搞得糟糕，长此以往，形成恶性循环。

满怀感恩去工作，就不会拿自己的短处去与他人的长处进行比较，而是专注于发挥和经营好自己的长处。优秀的人都是从学会自我管理开始的。有时候让人感到疲惫的不是遥远的目标，而是掉进鞋里细小的沙砾。倒掉鞋里的小沙砾，才能走得更稳、更远。

"每一天都会有一个机会，每一天都会有一个对某个人有用的机会，每一天都会有一个前所未有的绝不会再来的机会。"珍惜每天的工作机会，用感恩去发现机会和机遇。一个人的能耐等于能力加上忍耐。不要抱怨工作中没有机会，要反思自己是否付出了不懈的努力，是否经常思考。我们要按本色做人，按角色办事，按特色定位。一件简单的事重复去做就是专家，一件重复的事用心去做就是赢家。最重要的是今天的心，别总是自己跟自己过不去，用心做自己该做的事，而不过于计较别人的评价，每个人都有自己的活法，喜欢自己，才会拥抱工作和生活。工作中多赏识别人，尽量少批评别人。面对一时的工作委屈，不要心生烦恼、愤怒，也不要让自己痛苦、不安，而是让时间来说明一切。工作时不为金钱分心，反而更快乐。工作和生活的累，少数源于生存，多数源于攀比。

周立宸：我进了直播间，员工动力就会更强

2020 年 4 月 3 日，海澜之家的直播间里格外忙碌，一场品牌 IP 新品的云发布会将首次以小程序直播的形式拉开帷幕。当晚，海澜集团总裁周立宸闪现直播间，给直播带来一波高潮。回顾海澜之家近年来营销策略的转变，无论是代言人换新，还是 IP 联名合作，都为品牌打上了"年轻化"的烙印。

周立宸于 2017 年从父亲手中接棒海澜之家。受父亲的影响，周立宸常常工作到很晚。但这个年轻的当家人和父辈不同，他的身边有一个被他的活力所感染的年轻团队。"我们公司现在年轻人招得很多。"周立宸说，"因为年龄贴近，他们更加明白消费者喜欢用什么……这个团队是市场的挑战者，需要我去保护他们，让他们去坚持，哪怕短期它不出什么效果，但是三年五年之后，会形成势能……这是大公司应该接受的挑战。"

对工作负责，就是对自己负责

每个人应该有这样的信心：人所能负的责任，我必能负；人所不能负的责任，我亦能负。

——林肯

有一种力量是从你那个跳动的心中发出的，它会指引你去做你认为重要的事，并且一定会竭尽全力，这就是责任心。

——朱明然

商道榜样

恒逸石化股份有限公司是全球领先的精对苯二甲酸（PTA）和聚酯纤维制造商。公司依托长三角地区发达的产业集群效应，率先实现产业转型升级，形成了精对苯二甲酸和聚酯纤维上下游产业链一体化和产能规模化的产业格局，其产能规模、装备技术、成本控制、品质管理和产品差异化等在同类企业中处于领先地位。公司致力于发展成为全球领先的石化和化纤综合服务商。

恒逸石化实施了一条战略制胜的发展路线，是国内首家掌握大容量直纺技术和两百万吨级 PTA 生产技术的企业。公司于 2011 年全球首家应用 PTA 单套装置两百万吨级技术，PTA 单体规模化实现了技术性突破，PTA 单位生产成本实现了低成本领先。

2017 年，恒逸石化参控股 PTA 产能达到 565 万吨，自有权益产能 292 万吨，位居国内第一；PET 产能 210 万吨，位居国内第一；与中国石化合作在建全球最大单体 CPL 产能 20 万吨；产业链综合产能连续五年位居国内化学纤维制造业第一，公司资产规模和营业收入实现了年均复合增长率超 50%、净利润年均复合增长率超 50% 的高速增长。

恒逸石化拥有持续的技术创新冲动和创新资源整合能力。在石化化纤装置产能规模化和技术国产化方面，多次参与重大技术攻关，取得了重大突破，获 2006 年度国家科学技术进步奖二等奖，是中国纺织技术创新学术奖企业。公司设有恒逸研究院、国家级博士后工作站、国家级企业技术中心，并积极拓展对外交流，形成产学研一体化的战略合作，与浙江大学、东华大学等高等学府密切合作，始终站在石化化纤领域的前沿。

员工加油

先哲说，可以与人分享成果，但不可以躲避自己的责任。世上没有任何人能为自己负责到底，即使是自己的父母也不例外。只有知道对自己负责，才能幸福地在世上生存。对自己都不负责任的人，怎么会对别人负责任呢？一个放弃自己责任的人，不仅是一个地地道道的懦夫，而且也没有脸面在社会上生活。我们可以把事情推给别人，把失败推给环境，但不可能把责任也推出去。责任总是与一个人相伴，只要这个人存在，那么责任就会伴随他。

《犹太法典》形象地描绘不负责任的恶果："原以为一定会有人带蜡烛进去，可是一走进房间里，发觉整个房间都是黑漆漆的，没有任何人拿着蜡烛。其实只要每个人手里都拿着一根小蜡烛进去，那么这个房间就会像大白天那般地明亮。"因此，犹太人的智慧经验中专门有一条奉劝人们：不要逃避自己的责任。假如一个人连自身的责任都不肯承担，那么就谈不上将来去做什么事情，更别提能干什么事业。没有责任心的人，容易自欺欺人，还常常伴随着不佳的声誉，到头来连生存都会变得很艰难。比如个别不孝之子，明明自己的生活还不错，就是不肯赡养父母，单位的同事和周围的邻居都瞧不起他，感觉这种人连父母都不孝敬，怎么有脸面在社会上生存呢？当然，这样的人很难取得别人的信任。

尊重自己的价值，就是对自己负责。拥有人生的十大财富就是对自己最大的负责。这十大财富是：健康、进取、勤奋、信念、希望、人缘、精业、坚忍、谦和，最后一项，是财富和爱心。健康的身体，是一切的根本；积极的进取，不断的努力，是自己成功的保证；坚定信念，不达到目的誓不罢休；心怀希望，信念永存，就有前进的动力；和谐的人际关系，能使自己处处逢源；热爱自己的工作，并且精心地去耕耘，就能使自己站稳脚跟；吃苦耐劳，坚韧不拔，不畏困难，才能从容面对人生的风雨；谦虚待人，谨慎行事，是永远的原则；学会理财，精打细算，使自己一生富足；富有爱心，就会幸福常伴。

一个人必须有人生准则来约束自己，并以此来勉励自己，从而提高自身价值，并达到对自己负责的最高境界。人生的准则不仅体现人生的智慧，而且也激励自己获取成功的财富。知道自己是谁，知道自己应该怎样努力，知道自己的人生定位，就是对自己负责的人生智慧。而对自己负责的人生，就是在让自己生活得更好的同时，对社会也做出贡献。假如我们徒有远大的抱负，却没有实现这个抱负的资本，那么我们将会抱憾终生。纽顿博士在《人生的准则》中说："我们都想做些惊天动地的大事业，以引起众人的注意。可是我们在想之前，有没有仔细检查自己，具不具备做大事的条件？否则的话，虽有领袖的抱负也是枉然。"

曾有一家公司提升一名年轻的负责任的员工为部门经理，听到这个消息后，有些人不太服气。总经理说："我看中他的就是他非常负责这一点！咱们公司员工确实不少，可是很多都是溜须拍马之徒，还有人为了出人头地，不惜损人利己。我调查过了，只有他本本分分地干自己的工作，从不邀功。听说有一次工作，本来应该是他的功劳，他却拱手把荣誉让给了别人。"对于企业经营者来说，这样勤勤恳恳、不计较个人得失的员工是最值得珍惜的，这些人比那些爱出风头、自吹自擂的员工强多了。而且，总经理调查了这位员工的情况，他生活规律，从不酗酒，平日也不多言语是非。公司重要的机密工作，交给他去办都一百个放心。

对自己负责，并且能使自己活得幸福而充实，就必须坚持感恩、同情、宽恕、赞美、虚心、谨慎、进取、乐观、节制和勇敢的人生品质。要心存感激，才不会麻木不仁；要富有同情，才不会欺凌弱者；要宽恕饶人，才不会阻塞生路；要多加赞美，才不会随便说别人坏话；要虚心请教，才不会好为人师；要谨慎行事，才不会懊恼不已；要勤奋进取，才不会虚度光阴；要积极乐观，才不会怨气冲天；要适可而止，才不会贪得无厌；要坚强勇敢，才不会懦弱无助。

职场箴言

稻盛和夫：要有关爱之心、利他之心

一个人，如果一生创办一家公司，它能够进入世界 500 强，就是非常了不起的事情了。而这个人，一生创办了两家公司，且这两家公司全都进入了世界 500 强。这个人就是京瓷和第二电信的缔造者稻盛和夫。

回顾自己半个世纪的创业历程，稻盛和夫说："经营者不能只顾自己个人的私利，不能只顾满足自己的欲望，而必须考虑员工、客户、交易对象、企业所在社区等，必须与企业相关的一切利害关系者和谐相处，必须以关爱之心、利他之心经营企业。近年来我们看到，很多企业之所以垮台，并不是因为经济变动这一外部的原因，而是经营者'自毁长城'。企业的利润是企业的全体干部和员工共同努力和协作所取得的成果，这种成果却被认为是企业领导人一个人的功劳，一人独享高额报酬，这是极不应该的。"

适合自己的才是快乐人生

谁若游戏人生，他就一事无成；谁不主宰自己，永远是一个奴隶。

——歌德

希望你们年青的一代，也能像蜡烛为人照明那样，有一分热，发一分光，忠诚而踏实地为人类伟大的事业贡献自己的力量。

——法拉第

🗂 商道榜样

汕头、漳州、鹰潭、安庆、杭州、天津、北京……一个一个不同的省份、看似没有任何关联的城市，在潮星集团公司董事局主席张汉龙眼中都有着各自不同的含义。它们串起了张汉龙的商业人生，也见证了他从一个农村孩子成长为一名新潮商代表的艰难跋涉历程与艰辛磨砺的人生历程。

张汉龙，潮星集团创始人、董事长，北京潮星控股集团有限公司董事长，香港潮星国际集团有限公司董事长。张汉龙气质儒雅、举止谦和，但他的身上，却打上了改革开放、大国崛起的鲜明时代烙印。可以说，张汉龙展现了中国走向复兴之路上新一代潮汕才俊积极进取、敢于担当的时代精神。

自己诚信，赋予人信任。这是张汉龙从商多年来最重要的感悟，也是他手中紧握的成功密钥。古语说，成事在天，谋事在人。几十年商海拼搏使张汉龙越来越能体会到，事业成功的关键在于人，建立在以人为本的基础上的能识人、善用人是企业发展的谋万世、谋全局之策。张汉龙说："无论如何，我认为，让每位员工真正觉得公司是自己的，事业更是自己的，这是现代化企业能够长久发展最重要的元素之一。"

张汉龙不仅深谙商业运营之道，更热衷公益，勇于承担社会责任。在汕头市，在谷饶镇，"张汉龙"三个字在家乡父老心中，就意味着一份亲近，也意味着一份尊敬。家乡人津津乐道的，不只是他颇富传奇的创业故事，更是那颗倾情乡梓、热心公益的拳拳之心，那份为潮商和潮汕青年事业执着奉献的殷殷情怀。

员工加油

人们总是在渴望那些未得到的东西，而忽略了自己已经拥有的东西。知识、辨别力、正直的品格，是让一个员工取得成功的主要条件，这些东西的重要性仅次于兴趣和机遇。世界上有很多令人羡慕的东西，但是这些令人羡慕的东西却离我们很遥远，很多只是可望而不可即的。正因为很遥远，又像天上的星星一般闪耀，我们才会心生希望，情系奢望。我们常常为得不到这些东西而痛苦，却对自己已经拥有的东西冷漠无视，对自己每天平凡的工作而忧伤。有时候，一个人奋斗了几十年，终于得到了梦寐以求的东西，却发现这些东西其实并不适合自己。反而是那些默默地、平凡地陪伴自己几十年的东西，已经成了生命的一部分。到了那个时候，自己才深深地顿悟这一道理，但是已经为此浪费了几十年的珍贵光阴。比如一双崭新的皮鞋，如果码数不合，那么再怎么勉强穿上，也会感到万分的痛苦。一双半新的布鞋，如果穿着合适，那么即便它并不高档，也会让人会觉得万分的舒适。

乐天为本，尽力是福。能够做到量力而行，实质上是自己最大的福分。有人充满智慧地认为："一个人的幸福在于：既不要奢望，更不要苛求；既要认真地做事、工作，更要自然地做人。"

根据自己的能力来做事和工作，就能游刃有余，就不会心有余而力不足。强迫自己硬要达到不切实际的所谓高标准生活，不仅会使自己整天紧张焦虑，而且会使自己过早地耗尽精力，甚至对生活、工作失去乐趣，对人生丧失信心。所以，一个人必须要根据自己的情况，制定适合自己的目标，千万不要盲目与人比较。

人生绝对是勉强不得的，否则往往会痛苦不堪。硬撑的东西再美好，也是短暂的，只有自然流露出来的东西才是最为长久的。我们无须为别人虚伪的掌声而醉心，我们只要为自己内心长久的宁静而宽慰。不属于自己的东西，再美好也是苦涩的。许多东西是求不得的，人生有遗憾是十分正常的。尽管世界上许多美好的东西可能不属于我们，但是我们的生命却是属于我们的，所以没有必要非要让自己宝贵的生命充满沉重的铅块。《生命与契机》中说："不强求任何不属于自己的东西，甚至也不必为错过的机会叹息。生活中每天都是一个新的起点，相信太阳还会不断升起又升起。"我们不必为身边其貌不扬的妻子而沮丧，更不必为失之交臂楚楚动人的情人而一声叹息；我们不必为没有实现的梦想而懊恼，也不必为错过的机会而痛哭，是自己的总是迟早会得到，不是自己的，再叹息也无用。把叹息丢掉，也许生活会变得轻松，更可能会意外得到幸福。一定要想明白，不属于我们的东西，再美好无比也是徒劳的，只会空留悲伤。还是多珍惜我们已经拥有的东西，只有这些才能够让我们真正地幸福和快乐。

用最少的悔恨面对过去，用最少的浪费面对现在，用最多的梦想面对未来。越是追求高消费的生活，可能越难以获得平凡的快乐。不要认为高消费的生活，就代表高质量的人生。在一个似乎是主张高品质生活的年代，当形形色色的宣传高消费生活的广告铺天盖地向我们扑来的时候，我们不能在那种引导高消费生活广告的陷阱中挣扎，更不能有那种浅薄的人生观，认为"会消费就有壮丽的生命，会消费就有灿烂的人生，谁消费得越多，谁消费得越高，说明谁就挣得越多，谁就是英雄豪杰，谁就没有白活一生"。当许多人争先恐后地进入高消费生活的潮流时，一些人迷失了人生的方向，一些人甚至失去了可贵的生命，一些人失去了珍贵的自由，一些人失去了宝贵的时间，一些人失去了自己的人格，一些人失去了自己的灵魂。对此，我们应该引以为戒。

我们自己的生活一定要量力而行，千万不要盲目追逐高消费生活的时髦，因为向高消费生活屈服的人是最可悲的，也是最没有快乐的。当你还没有能力时，高消费生活就会让你从笑开始，却让你以哭谢幕。心比天高，命比纸薄，它反映的也是社会上某些人的不良心态和痛苦的现状。那种整天想入非非的人，能有什么好的结果呢？人生目标远大固然不错，但一定要与自身条件密切结合。脱离实际的任何幻想，都不是人生的理想，而是伤害自己的"迷汤药"。一个人心气高不是坏事，但要与自己的毅力、努力和踏实等要素成正比。假如只有心气高，而自己没有相应的努力跟上，那么这样的人生是痛苦不堪的。幻想的"英雄"，以及言语的"英雄"，都不及行动的"英雄"，人生不是用幻想来书写的。把精力用在工作上，而不是攀比上。道德上，我们要向高尚看起，物质生活上，我们要接受简朴方式。有了这样的心态，你就会越来越幸福快乐。

职场箴言

钟睒睒：专注于你的事业

几乎没有人不知道农夫山泉这个品牌，但大多数人可能都不知道钟睒睒，而他正是农夫山泉的创始人。钟睒睒以低调著称，人们很少能看到关于他的消息。同时，他也很少接受采访，对他来说，唯一关注的就是自己的事业。

专注，一直是钟睒睒最具代表性的标签。创业 20 多年来，他一直专注于为顾客送去一瓶好水。就像农夫山泉那句经典的广告语所说的——我们不生产水，我们只是大自然的搬运工。经过 20 多年的努力拼搏，农夫山泉终于在 2016 年成为中国瓶装水第一品牌。现如今，公司不仅做矿泉水，旗下还有十几个热销的饮料品牌。钟睒睒的成功，与他 20 多年来的专注是分不开的。

言行一致是最好的名片

每个人都知道,把语言化为行动,比把行动化为语言困难得多。

——高尔基

言必信,行必果,使言行之合,犹合符节也,无言而不行也。

——墨子

商道榜样

　　熟悉奥克斯集团董事长郑坚江的人都知道,他是一个标准的工作狂。从 30 多年前带领 7 个人的团队创业起步,到如今发展成为营收 735 亿元、产业涵盖五大领域、员工 3 万余人的企业集团,郑坚江不断实现着自己的目标和梦想。

　　在工作上,郑坚江可以 27 个小时连轴转,奔波 3 个城市,辗转两个国家。奥克斯能够一步步走到今天，跟他的拼劲和实干精神密不可分。在郑坚江看来，一切成绩都是"拼"出来的，而他自己就是整个集团最"拼"的那个人。集团总裁办一位工作人员回忆说，有一次，郑坚江去韩国考察项目，凌晨4点起床去杭州赶飞机，当天晚上12点回到上海，第二天凌晨3点多又赶到宁波，早上7点照常开始工作。

"做制造业必须有一种精神！"这是郑坚江最朴素的理念。在他看来，企业做到一定程度，已经不再是为了财富，而是要有一种工匠精神，否则不可能做好，也坚持不下去。正是在这种工匠精神的带领下，奥克斯走得踏实，也发展得迅猛。

"我喜欢务实地做人，务实地做事，不喜欢漫无边际地空谈。"郑坚江说，"新时代就是实干苦干坚持干拼命干。干，就是一种幸福。"

当前，通过"产品、管理、人才"三大领域的精耕细作，在医疗健康、互联网智能化、国际化三大战略领航下，奥克斯越走越扎实。"千亿市值、千亿规模、百亿利润"，这是奥克斯2020年的新目标。

不忘初心，牢记使命，郑坚江带领的奥克斯努力朝着千亿目标迈进，为实现中华民族伟大复兴的中国梦，贡献着自己的一份力量。

员工加油

美貌固然能给人一个好的第一印象，而言而有信、行而有果的言行却是人和人交往中更为重要的因素。否则，就容易给人一种"金玉其外，败絮其中"的感觉。许下承诺之前，自己一定要仔细地想一想，做不到的东西就不要随意夸海口，而自己承诺之后就必须千方百计地去兑现。做一件事情之前，一定要认真地考虑一番，完不成的东西就不要冲动鲁莽去行事，而自己一旦决定，那就要想方设法去完成。无信无果的言行最容易使自己的信誉丧失，也最容易被人所鄙视。

古时周幽王娶了一位美丽的宠姬，因为她天天身居深宫，寂寞之情难以排解，尽管贵为宠妃，却感受不到任何快乐，活得很不开心，整天没有一点笑容。周幽王想了许多办法，都不能博得自己的宠姬一笑，为此感到很苦恼。他的一个臣僚献计说："何不点燃救急用的烽火，以博她一笑？"周幽王一听，认为有道理，就荒唐地命令部下去点救急用的烽火。宠姬看到这么多人匆匆来，又匆匆去，不禁开怀一笑。但各诸侯却被愚弄了，产生了深深的怨恨，乃至后来外敌真的来临，周幽王再去点燃救急烽火时，诸侯们却都按兵不动，因为无人再会相信周幽王。最后周幽王被杀，西周灭亡。

"一诺千金"的故事发人深思。我们绝对不能去做无信无义之人，否则不仅容易惹灾祸，而且会被世人唾弃，这无异于自绝人生之路。信用是金，也是做人之本。孔子说"民无信不立"。"人而无信，不知其可也。大车无輗，小车无軏，其何以行之哉？"假如一个人没有任何信用，那么社会上就没有人会相信他、接纳他。一个不被别人相信的人，是根本不可能在社会上立足的，更谈不上干出什么事业。我们必须要像保护自己的生命那样，来爱护自己的信用。

与人约定的事，必须想方设法地去照办。只有自己重信义，才能为别人所信赖。古代魏文侯"冒雨赴约"的故事，绝对是取信于人的一个典范。相传魏国开国君主魏文侯与掌管山泽的小官吏虞人，相约某日一起去打猎。不料到了约定的那天，天公不作美，下起了瓢泼大雨，而当时文侯与人正在饮酒，酒兴正浓。这时他猛然想起与虞人的约会，就准备离席赴约，左右侍臣以各种理由再三劝阻文侯前往，认为与一个掌管山泽小官吏的约会不用这么认真。文侯严肃地说："冒雨事小，失约事大。"于是，毅然前往。消息传出，臣民们对魏文侯更加敬爱。

外表传达第一印象，而说话则是留给他人的第二印象。一个人的外表固然重要，但是会说话更为重要。会说话是成功的关键，假如自己说话不当，就可能出口伤人。那么是否要永远保持"沉默是金"的信条？也不一定。谈话要注意谈话者、谈话信息和听讲者三个要素。谈话者不能只顾自己一吐为快，还要讲究听话者的心理。说话态度要从容，神情要诚挚，双目最好注视对方。

千万不可有卖弄自己学问的坏习惯，尽量要多说对方关心的话，而不是自己一味夸夸其谈。即使别人的观点与自己不同，也不可与别人争吵。当然，简洁说话很重要。

要做一个受欢迎的人。没有人愿意与一个自私自利、心胸狭窄、冷漠暴怒和经常暗箭伤人的人打交道，人们更喜欢那些慷慨大方、宽宏大量、性格温和以及经常赞美他人的人打交道。那些"万事通"，那些到处卖弄自己的，那些随口许诺又不行动的，那些犹豫不决而错失良机的，那些事不关己高高挂起的，那些悲观沮丧的，那些总是抱怨的人往往会令人厌恶的。令人头痛，已然成为人生失败的开始，在未来的人生道路上，他们会处处碰壁。

事经我办请放心，文经我手无差错。一个人的富贵还需要好人缘相匹配。很难想象，一个臭名昭著的人，会受成功的青睐。香港巨富郑裕彤总结自己的成功之道说："守信用，重诺言，做事勤恳，处事谨慎，饮水思源，不见利忘义，是二十三字箴言。"这不仅是他的成功秘诀，而且也是他的处世哲学。他又说："我之所以能够白手起家，获得别人难以想象的成功，主要是一不得罪人，二尊重人。做我们这一行的，没有良好的人缘是很难生存的，更别说成功了。因此低调做人，广结人缘很重要。"他认为，天时地利人和，人和是最为关键的，天时和地利是客观存在的，有时很难改变，而人和是主观的因素。

丁磊：一块铁的学问

作为网易的创始人，丁磊曾多次分享过他父亲说过的一段话：同样是一块铁，可以做成廉价的铁钉和螺丝，也能磨成锋利的刀具，后者价格却翻了几十倍。在这许多种用途中，只有把它炼成钢，做成精密的电子元件才最值钱。

创立网易后，丁磊遭遇过多次巨大的打击，甚至想过将网易卖掉，但每每想起父亲恨铁不成钢的话，他就又更加坚定了自己的信心。十年磨一剑，网易逐步从一个小微企业，发展成为在美国成功上市的知名互联网企业。1998 年，网易被中国互联网信息中心评选为十佳中文网站之首。2003 年，32 岁的丁磊以10.76 亿美元的资产荣登《福布斯中国富豪榜》榜首，由此开创了互联网业的神话。

驱除看不惯工作环境的坏心情

所谓人生，是一刻也不停地变化着的，就是肉体生命的衰弱和灵魂生命的强大、扩大。

——列夫·托尔斯泰

一切都在变，一切都在过渡，只有全体是不变的。世界生灭不已，每一刹那它都在生都在灭，从来没有过例外，也永远不会有例外。

——狄德罗

商道榜样

他 16 岁当兵，19 岁退伍之后开始专注做茶叶，一做就是 20 年。他专注于大叶古树茶，常年在云南勐海茶山，有着军人的专注执着和吃苦耐劳的精神。对他来说，调配出好茶就是最开心的事情。他的名字叫林祖荣。

什么是古树茶？古树茶也叫大树茶，是指存活百年以上的乔木茶。而在一些所谓"骨灰级"茶友的标准中，则必须是300年以上树龄的茶树才能被冠以"古树"之名。在云南古六大茶山和新六大茶山以及老挝北部有古树茶群落，但产量十分稀少。

云南勐海出产的勐海茶，茶气足，滋味浓，苦涩回甘俱佳，有王者风范。加上勐海茶区名山众多，被誉为"中国普洱茶第一县"。林祖荣立足于勐海茶山，正是源于这一点。

最近，林祖荣推出了他的一款"茶王"产品——易武古树。为什么要冠以"茶王"称号？因为这款茶的诞生非常不易。2018年是干旱年，茶叶汁浓度极高，林祖荣于春寒料峭之时，进入易武的密林深处，寻遍易武七村八寨，采集明前春高杆古树茶王，在春天压制成饼，一直放到秋天才包装，以保证它后期转化更加完美。

易武古树高杆茶，由于产地山道崎岖，地势险恶，又是在原始森林深处，产量极少。在茶人心目中，易武高杆茶几乎位于古树茶金字塔的顶端。也只有像林祖荣这样军人出身的人，才敢于跋山涉水、冒着生命危险去采集这个茶中珍品。要知道，每一棵高杆古树，只能采几两茶。林祖荣在这些茶叶上倾注的，不只是冒险的气魄，还有工匠的情怀。

✈ 员工加油

"积极的人在每一次忧患中都看到一个机会，而消极的人则在每个机会都看到某种忧患。"改变工作环境困难，改变自己的心态容易。伟人能够改造社会，而普通人只是适应社会。一个人绝对不能与工作环境作对，否则不仅自己会痛不欲生，而且还会碰伤他人。假如一个人与工作环境相协调，那么他自己不仅会越活越快乐，而且还会获得好多的成功机会。看不惯别人的所作所为，最直接的坏处是对自己的伤害，因为生气和烦恼会无端地扑面而来。他人不可能因为你的"看不惯"，而刻意改掉其言行，恰恰相反，别人会因为你的"敌视"行为，由此产生强烈的反抗情绪。多找认同，少想别人的不足，是明智的职场处世方法。

际遇好坏有时并不重要，重要的是自己的心态。如果把自己的工作环境比作一架机器，那么积极的心态就是润滑油。幸运的人并非时时都是社会的宠儿，不幸的人并非每每都是社会的弃儿。自己的幸与不幸，关键取决于自己的处世态度：假如自己拥有积极心态，那么就能坚定信念，勇往直前，行之有据，就会灵敏地捕捉到成功的机遇，就有成功的希望。假如自己只有消极心态，那么就会丧失信心，畏缩不前，行无章法，就可能丢失成功的机会，更谈不上与成功有缘。从小掌握拥有"好运气"的技能对一个人十分重要。

员工的谦虚品格和工作踏实有成果，是赢得别人好感的两大法宝；而唱高调和浮躁情绪，则是引起别人反感的主要因素。一个普通的人必须明白，自己没有多少值得骄傲的资本。哪怕自己拥有动人的美貌、骄傲的青春，或者出身豪门，甚至贵为天之骄子，照样也要低调做人，踏踏实实工作。人和人交往，重要的是他的待人态度和做事水平，而不是随后展示的学历和家境，人们多看重一个人的品德，只有人和事做好了，那么自己的成功也会随之而来。

　　人生当中什么最重要？做人和做事最重要，而且做人比做事更为重要。当然一个人的做事态度也体现了其做人的水平。

　　这是人生的常识。著名的大发明家爱迪生曾经说过："专门学问的功用仅及普通常识的一半。"德国的一句俗话说得好："当你抬头注视灿烂的星空时，请别忘了屋里的蜡烛。"许多人往往忽视常识的作用，所以自己经常犯错误，但有些人就是犯了错误，也还不清楚错误的根源在哪里。这是很可悲的。"先做人，后做事，最后才是做其他的。"这是智慧人士的忠告，千万不能本末倒置。有些年轻人，不谦虚做人，不踏实做事，却偏要寻求什么成功的秘诀，这是十分愚蠢的，也是徒劳的。没有良好的人缘，不付出自己艰实的努力，那么很多东西就无从谈起。

　　人生不如意事十之八九。任何人都是无法躲避痛苦和烦恼的，只不过每个人痛苦和烦恼的程度不一而已。如果能够变痛苦为动力，变烦恼为快乐，那么不仅能够减轻自己的痛苦和烦恼，而且也会给自己的人生带去光亮。而有些人深陷不如意的苦海，只会感觉越活越没有意思。烦恼是人生永恒的主题，我们要明白：烦恼的东西总是客观存在的，而自己的痛苦是主观存在的，不变的是事物的本质，能改变的只是自己的心态。生活本身就是这样，自己要是不耐烦，那么后面就有更大的烦恼和痛苦。

任何业绩的质变都来自于量变。有一名芭蕾舞演员，当她的事业正处于顶峰的时候，不幸得了严重的关节疾病，这对于一个跳芭蕾舞的人来说，打击是致命的。当自己的身体需要快速跳跃和转身的力量时，她却控制不了自己的身体，这样的悲哀和恐惧是令她难以忍受的。就在她万分痛苦的时刻，有一位朋友给她送来了印有圣女特蕾莎名言的书签。她反复读着上面的文字："不要让什么事使你心乱，不要让什么事使你悲愁；一切都会过去，只要坚忍，终可达到目标。"她心中感到莫大的宽慰，渐渐地烦恼消失了，痛苦慢慢地减轻了，而自己的病也逐渐痊愈了。几个月以后，她完全康复了。有过这种经历，她更加成熟了，自己的事业也因此更上一层楼。

杰夫·贝佐斯：所有顾客的声音都是重要的

杰夫·贝佐斯是亚马逊的创始人。他很有经营头脑，将亚马逊原本只销售书籍这一单一品类扩大到多种品类，并很快占领西方国家的大片市场，全球用户数量每年都在大幅增加，亚马逊的营业利润也越来越高。2019年，贝佐斯位列《福布斯全球亿万富豪榜》榜首，他的亚马逊公司在全球品牌500强中排名首位。

贝佐斯的邮箱是公开的，用户经常跳过客服部门直接跑他那"告状"，虽然那些邮件贝佐斯不会一封一封地回复，但他基本上都会粗略地看一遍，把有问题的全挑出来，标上问号，转给员工看。贝佐斯说："所有顾客的声音都是重要的，消费者同时能充当我们的审查员。在亚马逊，我们认为消费者的反馈是宝贵的消息来源。"

谦和的结果往往收获最大

有谦和、愉快、诚恳的态度，而同时又加上忍耐精神的人，是非常幸运的。

——塞涅卡

凡是有良好教养的人有一禁诫：勿发脾气。

——爱默生

商道榜样

　　他是中国家电行业一位低调内敛的CEO，他是第一个大胆进行国际并购的开拓者，却也经历了企业18个月亏18亿元的巨大创伤后艰难重生的全过程；他被《时代》周刊和CNN视为"最具影响力商业领袖"之一，却也曾出现在《中国A股上市公司最差老板榜单》上。

他就是 TCL 集团董事长李东生，而 TCL 几乎是他此生唯一的工作。

1985 年，28 岁的李东生被任命为 TCL 通信设备公司总经理，这距离他毕业仅仅两年时间。但 9 个月后被迫离职。8 年后，谁也没想到，李东生竟卷土重来，出任 TCL 电子集团公司总经理，开始了在中国乃至世界家电业的不凡征程。

1997 年，已经是 TCL 集团董事长的李东生被推荐为惠州市副市长候选人，但他拒绝了，比起仕途，他更希望自己掌舵一个大企业，干一番事业。欣慰的是，TCL 王牌彩电、TCL 电话、TCL 电工，每一个都非常成功。

2014 年，TCL 集团继海尔、美的、格力之后跻身营收千亿帝国。2016 年，TCL 电视在全球出货量突破了 2000 万台，这也是中国企业首次进入 2000 万台的俱乐部。

李东生主导 TCL 开展重大跨国并购，开创了中国企业国际化经营的先河，在全球设有 28 个研发机构和 22 个制造基地，产品行销 160 个国家和地区，年营业收入超千亿元。彩电销售量连续多年位居全国和全球前列，创下了制造我国第一台按键免提电话、第一代大屏幕彩电等多个第一。他带领团队建成完全依靠自主创新、自主建设的高世代面板线，实现了我国视像行业显示技术的历史性突破，使中国成为继日韩之后掌握自主研制高端显示科技的国家。

员工加油

"善气迎人,亲如弟兄;恶气迎人,害于戈兵。"人生倘若以"我"为中心,总是烦恼不断。总给他人增添麻烦,他人就会避之不及；总是不断骚扰他人,他人只会逐渐厌烦。与人说话,若是没有条理,啰里啰嗦,认为"我"就是中心,只会让人打心眼里厌恶；做事拖泥带水,不知轻重,害得别人终无宁日,只会令人远离。不要总认为自己都是对的,而听不进别人的半句劝告。凡事我行我素,独断专横,一意孤行,坚持己见,排斥异己,后果是自己吃亏,朋友受累。长此以往,自己只能成为惹是生非者,别人只会对你敬而远之。对好意劝告应认真考虑,如果劝告肯切,则应听取。要有自知之明,别做令人厌烦的人。每个人都有缺陷,不要只喜欢自己的优点,却从来不反思自己的不足。我们要提高自我修养,提高自律水平。

善解人意多欢乐。自强不是把自己的意志强加给别人,更不是我行我素,骄傲自大,目中无人。尊重别人,善解人意,充分理解别人,这样的人才有资格被别人敬重。人们大多喜欢被对方尊重,多认可被对方尊重的人；人们也大多讨厌被对方轻视,大多反感那些不被对方理解的人。一个了解别人的人,也才能被别人所了解；一个理解别人的人,也才能被别人所理解。善解人意要有艺术性:"自己预知别人的内心,但不要急于揭示。自己洞察别人的思想,但不要立即予以反驳。对别人的谗言不要轻信,对别人的批评不要嫌厌。"

充分理解别人，并且尊敬他们，这是人生的智慧。一个优秀的员工能知道他人心中想什么，并尽量给予对方需要的东西，解决他们想要解决的问题。

礼让能让人收获最大。傲慢的人结局总是悲惨，谦和的人总有幸福的果实。无论自己是否有理，都要学会谦让。如果自恃有道理，声声讨伐，步步紧逼，那就用了最愚蠢的处事方法。与人相处，处处与别人较劲，就是把别人往死胡同逼，只会逼得对方撕破脸皮，最后以牙还牙。人生在世，与人相处，选择富含智慧的为人处世的方法最重要。生活中学会礼让，学会低调处世，这才是正确的为人之道。礼让自古以来就是优良的传统，谁拥有了礼让的技巧，谁就与快乐和幸福为伍。不要认为礼让，就是吃大亏，就是窝囊，那恰恰是人生的大智慧。古人早已告诫天下人："得饶人处且饶人"。学会礼让他人，会有好的名声。一个人有了好的名声，就有了成功的基础，这时候许多人就会无私地帮助你。

不要以自我为中心。别人不喜欢的东西，你自己认为再好也是白搭。再贵重的东西，在不喜欢的人眼中也会变得轻微。别人喜欢的，再轻微的东西也会变得贵重。所以，给予别人想要的东西，是一门艺术。不要以自我为中心，去滥施一番。滥施，等于白施。胡赠一遍，等于白赠。千里送鹅毛，礼轻情意重。送礼不在贵贱，关键在于心意。相互交谈也遵循一样的原则，总要涉及别人爱听的话题。不要经常谈论自己如何如何，因为人人都喜欢关心自己的事情。人际关系中要避免这样的误区：以自己的好恶来赠予，以自己的好恶来交谈。最好的办法是激活对方的欲望，尽可能去满足对方的欲望，这是为人处世的技巧。满足对方，别人就会快乐，就会对你产生好感。

工作中别做一匹孤独的"狼"，学会与他人相互学习，相互补台，相互提高。不要整天板着脸去教训别人，平等相处才是与人相处的准则。每个人都是这世上平凡的一份子，拥有平等的权利。没有哪个人生来就高人一等，拥有教训批评他人的特权。如果经常想到自己的普通和平凡，那么就能够心平气和地与人和睦相处了。愚蠢的人总是以为自己是仙人、高人，与天下凡人总是格格不入，于是自我感觉越发良好，动不动就板起脸来，训斥别人，责备别人，攻击别人。其实这种人是外强中干，内心空虚，若是依靠岗位的权力来行事，更会带来人生的灾难。在训斥他人的时候，其实也折磨了自己。学着赞美他人，学着用善意的方式指出别人的缺点，学着用平等的态度与人相处，良好的相处方式播撒出的是自己的笑容，收获的是来自他人的尊重。

职场箴言

周鸿祎：重复的积累至关重要

周鸿祎是 360 公司的创始人，谈起自己的奋斗历程时，他多次提到"一万小时定律"。在他看来，要想成为高手中的高手，在某个领域成为杰出的专家，一万小时是最基本的投入。

周鸿祎还说过："很多事情都是这样，如果坚持下来，你就可能做到了。很多人只看到人家成功的一面，却没有看到他为成功做出的积累。有个七个馒头的比喻很恰当。你吃了第七个馒头以后终于吃饱了，别人就开始研究，你吃的第七个馒头是用什么面粉做的？为什么吃了这个馒头就饱了呢？他们没有看到你前面还吃了六个馒头，这六个馒头就是我前面提到的'一万小时'的积累。"

严于律己，宽以待人

内不欺己，外不欺人。

——弘一大师

以言责人甚易，以义持己实难。

——苏辙

商道榜样

郭为，1963 年出生于河北秦皇岛，1988 年进入联想集团，28 岁便进入联想的最高管理层。他在 12 年里换了 11 个岗位，被称为联想的"救火队员"。从联想汉卡获得国家科技进步一等奖，到联想成为国内电子百强第一名；从公司成功在海外上市，到创造出市值近千亿的传奇；从整顿分公司的重重困难，到掌管中国最大的 IT 渠道；从建设大亚湾工业园区的荒芜与艰辛，到站在一所所高等学府的演讲台上接受数千名学子如潮的掌声……数不清的冰刀霜剑，道不尽的痛苦磨砺，造就了郭为，使他与联想一同走向辉煌。

2000 年，联想赋予了郭为更大的责任和挑战。那一年，联想进行战略分拆，作为"少帅"之一的郭为率领着神州数码，确立了"数字化中国"的使命，力争打造一个"不叫联想的联想"。2001 年 6 月 1 日，神州数码在香港联交所主板成功上市。经过 10 年的发展，神州数码已建成覆盖全国的 IT 营销网络，成为中国最大的整合 IT 服务提供商，当之无愧地坐上了中国 IT 服务的头排金交椅。

2017、2018、2019 年连续三年，神州数码入围《财富》中国 500 强排行榜，获得 2018 增值分销云服务最佳转型奖、2018 中国 IT 生态卓越建设奖、2017 中国云计算产业领军企业奖等荣誉。

郭为用 10 年的探索与奋斗成功再造了一个"不叫联想的联想"，也让神州数码赢得了柳传志和全社会的尊重。

员工加油

比尔·盖茨有一句名言："生活是不公平的，你要去适应它。"自律得福，严格要求自己是幸福，随意放纵自己将会导致灾祸。人生不但要他律，更需要自律。高尚的人在小事上时时严格要求自己，但不以小事来苛求别人。所以我们必须知道什么是应该做的，什么是不应该做的。一个人的灵魂需要不断地修炼，一刻也不能放松。严格要求自己是自爱得福，随意放纵自己是自残得祸。如果没有约束，那么就会误入人生的歧途。要善待别人的批评和指责，哪怕有时是难以接受的，却可以作为一面镜子，看到自己的不足，不至于犯下不可饶恕的错误。只有关心自己的人，才会直言相告。要是无视自己，他人完全可以采取冷眼相对的方式。放纵自己的言语和行为，会惹上飞来横祸，甚至招致灭顶之灾。因而任何时候都不能放纵自己。

孔子是中国伟大的哲学家，也是儒家学说的创始人。他提倡"仁义""礼乐""德治教化"和"君以民为体"等哲学思想，把"仁"视为道德的最高原则，把"礼"作为君子的行为准则。儒家思想影响了中华民族几千年，深深渗入中国人的生活与文化等领域。儒家学说在中国之所以能够产生如此大的影响，麦克·哈特在《影响人类历史进序的 100 人排行榜》一书中说出了原因："第一，孔子的个人品质无可挑剔；第二，他从不强加于人。"孔子成功的关键在于，他在任何时候都严格要求自己，决不放纵自己。高标准、严要求是对自己最大的爱护，是对自己的绝对负责。而放纵自己终是祸害，是对自己的不负责任。

自律是幸福的基础。我们要像爱惜自己的生命那样爱惜自己的名誉。因为名誉是自己最好的自荐信，我们一生的前途都要依靠它。保持自己良好的名声，不仅能够获得人们的尊重，而且还能获得人们的信任。生活中的例子告诉我们："人们对崭新的东西倍加爱惜，而对破旧的东西则不加爱惜。"如果自己身穿一套崭新的衣服，就会处处小心，恐怕沾上灰尘或者油污；要是身穿旧衣服，就不会在乎。我们会从穿衣中得到这样的启迪：一个名誉好的人，就会像爱惜自己的新衣服一样爱惜自己的名誉；而一个名誉不好的人，就会像身穿旧衣服那样不爱惜自己的名誉。

曾经有社会科学家进行了著名的"破窗理论"实验。他们先用6辆小汽车作为实验对象，以3辆小汽车为1组，共分为2组，相互间隔了几十米，放置在无人看管的大街边。一组是崭新的3辆小汽车，另一组是破旧的3辆小汽车。几天下来，破旧的小汽车被人搞得更加丑陋不堪，而崭新的小汽车却一点也没有损伤。社会科学家用1栋教学楼再次进行了类似的实验。在教学楼的东门，所有的玻璃窗都是完好无损的，而在教学楼的西门，有几块玻璃窗是破损的。结果几天下来，西门的玻璃窗的破损更加严重，几乎被学生全部打碎，而东门的玻璃窗却1块也没有损伤。由此，社会科学家归纳认为，一个人必须从小爱惜自己的名誉，自己的名誉同自己的生命一样重要。假如孩子没有良好的名誉意识，他就容易破罐子破摔。因此我们从小就要力戒孩子不良的举止。良好的言行举止是自己最好的名片。如果没有良好的举止，那么以后将难以获得成功和幸福。也许有时一个不良的举止会自毁美好

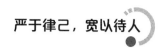

的前程，一个人的外表衣着和言谈举止等，会在无形中显示出他的素质与修养。

好的印象是自律的正面反馈。美国奥里森·马登在《一生的资本——获得成功与财富的个性因素》一书中早就忠告天下年轻人："一个富有经验的主管当然不会招聘一个衣衫不整、腰弯背驼、坐无坐相、站无站相的人。其实，在刚见面的一刹那，招聘面试官已经从你的外表和神态上看出了大体情况，从而决定了是否要录用你。"曾有一个女大学生，学业特别出色，外貌也漂亮，可就是有当众嚼口香糖的毛病。在一次她心目中理想的毕业求职招聘会上，她过五关、斩六将，眼看自己心爱的工作岗位就要胜利在望，就禁不住心里的喜悦，当着众多主考官的面，旁若无人地嚼起了口香糖。不知道这时有不少主考官已经皱起了眉头。最后招聘的结果自然是榜上无名。因此给人留下好的印象非常重要，穿着打扮要得体，言行举止要符合一般的礼节，无多余的身体动作，而且态度要诚恳，且经常面带微笑，这是做人的基本。

职场箴言

方洪波：曾经我无比苍老，如今却风华正茂

2017 年 1 月 12 日，在美的集团年度经营会议上，美的集团董事长方洪波的一句话被网民争相转发——"曾经我无比苍老，如今却风华正茂。"这句话也是方洪波多年来一心追逐梦想的最好写照。

1992 年，已经在《东风汽车报》工作了 5 年的方洪波，对大家都艳羡的大型国企生活感到不安，下海经商到南方寻找机会。他后来对记者说起，是因为"不想在 20 岁的时候就看到自己 50 岁的样子""我不甘如此平庸下去"。从那时候开始，方洪波就显示出了他与众不同的追求。后来，他来到美的，从第一线做起，一步步坐到美的集团最核心的位置，给他"不甘平庸"的呐喊做了最好的注解。

用爱心去热情工作

你可曾想到，失去了爱，你的生活就离开了轨道。

——拿破仑

一个人的力量是很难应付生活中无边的苦难的。所以，自己需要别人帮助，自己也要帮助别人。

——茨威格

📁 商道榜样

王文京，1964 年生于江西上饶，毕业于江西财经大学，现任用友网络科技股份有限公司董事长、中国产业互联网发展联盟执行理事长。

在王文京的领导下，用友专注在企业和公共组织信息化领域的创新与发展的时间达 30 年。在公司发展的 1.0 时期，用友是财务软件服务提供商，服务了中国数十万家企业和政府机构；在公司发展的 2.0 时期，用友是 ERP 管理软件服务提供商，推动了中国超过 200 万企业的信息化进程；在公司发展的 3.0 时期，用友成为社会级商业应用基础设施服务商，在软件、云服务、金融业务领域快速发展，服务超过千万家中国企业，共同赢在企业互联网时代。

王文京曾荣获中国优秀民营企业家、中国优秀民办科技实业家、全国劳动模范、优秀中国特色社会主义事业建设者、中国软件企业十大领军人物等社会荣誉称号。2020 年 2 月，王文京以 430 亿元财富名列《2020 胡润全球富豪榜》第 347 位。

王文京及其领导的用友公司为中国软件产业的发展做出了重要贡献。王文京提倡团队和集体的运作理念，有着很强的进取心和智慧。美国《财富》杂志评论他说："与中国众多声称以房地产、农业或者资本运作起家的富翁们过于传奇的经历相比，王文京作为知识英雄的故事可信度高，对受过良好教育的年轻创业者来说显得更具参考价值。"

员工加油

有人说："对于我来说，生命的意义在于替人设身处地着想，忧他人之忧，乐他人之乐。"用工作的方式献出自己的爱心，让心灵充满爱，让工作环境充满爱，让世界充满爱，让爱充满工作的每一个角落。用那一颗爱心，用那一双温暖的手，奉献出自己的爱心，献给社会。去年访问巴西里约热内卢时，我马上想到贝利的故事。有一个小男孩，他酷爱踢球，因为买不起球，所以只能用一些诸如汽水瓶之类的垃圾来代替足球，不停地练习。一个足球教练看到了这个勤奋小孩，送给他一个足球，小孩于是更加卖劲了，不久他就可以准确地把球踢进远处摆放的任意一个水桶里。圣诞节到了，为了感谢那个送球的恩人，男孩和妈妈为他做了祈祷。小孩拿着一把铁锹出门为教练的圣诞树挖了一个树坑表示报答。教练被男孩感动，并让他接受正规训练。这个小孩就是贝利。

从这个故事中，我们可以明白"天才之路是用爱心铺成的，且在能铺成这条路的所有的爱心中，有天才人物自己不懈的努力"。

你的工作不只是为了工资，还有更深刻的人生意义。比如现在加班加点生产口罩、呼吸机等等医疗产品，就是为了防范病毒风险，拯救更多人的生命。你有这份爱心去工作，就不会抱怨，而会多一些使命感，多一些克服困难的勇气，多一些战胜工作挫折的决心。"爱心是一盏灯，黑暗中照亮前行的远方；爱心是一首诗，冰冷中温暖渴求的心房；爱心是夏日的风，是冬日的阳，是春日的雨，是秋日的果。"只要每个人都用实际的工作行动去献出一点点爱心，那爱心就充满整个单位，整个社会，整个世界。如果工作光是为了工资，那无疑是痛苦的、烦恼的，斤斤计较是短视的衡量方式。工作的报酬，还在于你技能的提高，你的人脉关系和提高你的社会地位的拓展。许多人错把工作平台当成自己的本领，其实是平台给了你机会甚至地位。

"爱心是一股撞开冰闸的春水，使铁石心肠受到震撼；爱心是一座亮在黑夜的灯塔，使迷途航船找到港湾；爱心是一柄撑起在雨夜的小伞，使漂泊异乡的人得到亲情的荫庇；爱心是一道飞架在天边的彩虹，使满目阴霾的人见到世界的美丽。"希望、爱心、智慧和行动，是人生重要的法宝。爱心不仅是搭起人间友谊的桥梁，而且是人们从事工作时心中那颗释放永恒光明的璀璨明珠。带着爱心工作，就能够每天给自己一点点掌声，一点点激情，一点点希望，每天让自己变得更好一点点，进步一点点。日积月累，你的职业生涯就发生翻天覆地的变化。贝多芬说："我之所以成为贝多芬是靠我自己，你之所以是公爵是因为你偶然的出身。公爵以前多的是，现在多的是，将来多的是，而贝多芬只有一个。"人们多认为贝多芬是依靠爱心和勤奋成功的，因为他爱世界、爱生命、爱和平，用热情去工作、去创造。

人人都知道腾讯是马化腾的公司，但是很少人知道腾讯成立的时候，一共有五个人为腾讯出过力，他们并称为"腾讯五虎"。除了马化腾之外，还有张志东、曾李青、陈一丹、许晨晔四人。张志东是广东东莞人，曾经是腾讯的高级副总裁和科技总裁，1993 年毕业于深圳大学理学专业。2018 年，张志东以 950 亿元排在《胡润百富榜》第 13 名。2019 年，张志东以 133 亿美元排列《福布斯全球亿万富豪榜》第 98 名。2019 年 10 月 10 日，张志东以 1050 亿元排列《胡润百富榜》第 13 名。

张志东在大学毕业之后，选择在华南理工大学攻读计算机应用及系统构架专业。从华南理工大学毕业之后，张志东便在深圳黎明网络有限公司工作。虽然说马化腾与张志东同为计算机领域的拔尖人物，但是张志东在深圳的计算机圈子里更有名气。张志东用爱心去热情工作，在工作的时候极其认真，经常加班到凌晨两三点。很多人都选择第二天写请假条走手续，上班就可以晚点到，但是在很多同事都让张志东晚点再去上班的时候，他还是选择准时到达公司上班。

牛根生：要有一点"牛脾气"

牛根生于 1999 年创办蒙牛乳业，在"一无工厂，二无奶源，三无市场"的困境下开拓进取，使后来的蒙牛"一有全球样板工厂，二有国际示范牧场，三有液态奶销量全国第一"。"蒙牛速度"在中国企业界引人注目。在 2003 年 CCTV"中国经济年度人物"的颁奖词中，牛根生的颁奖辞这样写道："他是一头牛，却跑出了火箭的速度！"

牛根生信奉"小胜凭智，大胜靠德""财聚人散，财散人聚"的经营哲学，其领导的蒙牛与亿万消费者、千万股民、百万奶农及数十万产销大军结成命运共同体，被人们称为西部大开发以来"中国最大的造饭碗企业"。由此诞生了一段流传甚广的民谣："一家一户一头牛，老婆孩子热炕头；一家一户两头牛，生活吃穿不用愁；一家一户三头牛，三年五年盖洋楼；一家一户一群牛，比蒙牛的老牛还要牛。"

人生机遇只青睐有准备之人

　　生活对我们每个人来说，都充满着通过新的努力和新的姿态脱颖而出的第二次发展机会。人们不应限制自己，固守一隅。对于第二次机会，所需要的是及时认识并果断行动的能力。愿人人都成为生活的幸运儿。

——佚名

　　有好学识、好技能，最容易交好运气。

——佚名

📂 商道榜样

　　他创造了一个庞大的虚拟帝国，海角天涯尽在咫尺之间；他创造了一个全新的网络世界，年轻的心态是唯一的通行证；他似乎时刻在用电脑右下角那个频繁闪动的小企鹅提醒广大创业者：玩，其实也是一种生产力。他就是腾讯公司的掌门人马化腾。

　　1998 年 11 月，马化腾和朋友共同创办了腾讯公司。1999 年 2

月，OICQ 上线，也就是后来的 QQ，获得广大用户追捧，用户量开始高速增长。

2004 年 6 月，马化腾带领腾讯控股在香港联合交易所主板正式挂牌，股票代码 0700，这是第一家在香港主板上市的中国互联网企业。

2005 年，在腾讯网取得一定的成绩之后，马化腾开始带领腾讯全面走向多元化，比如腾讯游戏、QQ 游戏、腾讯网、QQ 音乐、财付通等。这些业务与 QQ 一起，构成了庞大的产品生态。

2010 年开始，移动互联网开始崭露头角，素以产品经理著称的马化腾，迅速接纳了广州研发部张小龙开发语音聊天 APP 的建议，并亲自将这一应用命名为微信。

如今，在马化腾的带领下，腾讯已经发展成为一个庞大的互联网商业帝国，是中国最大的互联网综合服务提供商之一，也是在中国服务用户最多的互联网企业之一。2019 年 11 月，马化腾以 2545.50 亿元位列《福布斯中国富豪榜》第二名。

说起马化腾的成功，有人说是他运气太好，而马化腾则认为是专注成就了今天的自己。他说："在我的生命中，除了工作之外，现实生活中其他事情很少能使我产生兴趣。我对任何事情都很专注，专注使我获得了前进的动力。"正是这种专注，成就了马化腾和他的腾讯帝国。

⟡ 员工加油

庸者埋怨自己的工作境遇不佳，智者则努力去改造工作环境。如果自己不去努力学习和工作，不去积极准备，只是悲伤、抱怨和烦恼，等待所谓机遇的来到，那么恐怕一生都等不到这样的机遇。千万别有那种守株待兔心理，否则自己会空悲戚，或者一事无成。因为既不努力又不勤奋，把成功一味寄托在整天祈祷机遇上，那是绝对不可能获得成功的。有人总结人生成功的经验，认为是"长期积累，偶然得之"。长期积累就是自己不懈努力，偶然得之就是遇到机会。一个人若是积极地去寻求机遇，则能等到机遇的降临，或者能够把握好机遇；一个人若是消极地去等待机遇，则会丧失成功的机遇，甚至错过良机。

人生短暂，机会难得。当决不决，必失良机，而失去的机会是难以挽回的。优柔寡断，犹豫不决，是做决策的大忌。自己该前进时就要冒险猛冲，到了自己该退却时就要丢弃遗憾的心情，坚决地撤退。做事情黏黏糊糊的，临危时全没有一点主意，这样的人会被人瞧不起。在决策时应，当冷静果断，一旦决策以后就应该沉下心来。反复地患得患失，反复地琢磨考虑，反复地平衡分析，固然有利于周密的思考，但是，很容易错失到手的良机。风险与机会总是共同存在的，没有风险的机会是没有的。我们经常说机会成本，其实就包含着风险。

与其烦恼，不如踏实努力。什么时候都不能对自己丧失信心，即使自己的失败不停地走来，即使自己的环境很不如意，即使自己的家庭不是很富裕，即使实现自己的人生目标遥遥无期，即使自己的生活是那样的苦涩，也不能放弃对幸福生活的希望。要相信，只要自己去努力，在不远的将来，就一定能够改变这种困境。爱尔兰作家萧伯纳说："任何人都要切记，不要自暴自弃，一味迁就缺点；否则，就会变得轻浮，不学无术。"一个人的成功开始于自己的心动，但是最后却取决于自己扎实的行动。西方谚语说："上帝只拯救能够自救的人。"中国谚语说："自助者天助也。"因为如果一个人没有坚决的行动，那么任何的成功都是无从谈起的。矢志不渝的人总会取得成绩，纸上谈兵却会让人徒留悲戚。只知心动和羡慕，那么会感觉越活越没意思。认为对的想法，就要赶快去实施，这样就有成功的盼头。行动是自己最好的朋友，尊严往往在行动中得到体现，快乐往往在行动中体验。纸上谈兵是最差的，空谈只能耽误时间和人生。

印度的普列姆昌德说："希望是热情之母，它孕育着荣誉，孕育着力量，孕育着生命。一句话，希望是世间万物的主宰。"德国的尼采说："强烈的希望，比任何一种已实现的快乐，对人生具有更大的激奋作用。"没有希望的人生是悲惨的人生，容易绝望的人生是无望的人生。对生活失去希望，往往会觉得周围漆黑一团，甚至产生绝望之心。即使屡次遭遇失败的打击，受到的挫折令自己痛苦不堪，也不要产生绝望之心。

人生如果没有期待，将是多么乏味，多么平淡，多么逊色。人生如果有了期待,将是多么激奋,多么光明,多么欢乐。有了期待，就有了美好的盼望。正如在等待破晓的日子里，自己既是幸福的又是痛苦的;在绵绵细雨中，等待灿烂的太阳出来，心情是热切的，又是不安的；在孤独的痛苦中，等待着爱人来到，心情既是那样快乐，又是那样不安；在寂寞的奋斗中，等待着什么时候能够出现好运的转机，心情是渴望的，又是沉重的。等待不是痴想，而是给你一段时间认真地准备。机遇是可遇不可求的，机遇永远只青睐有准备之人。期待是一种希望，有希望就有幸福。

职场箴言

拉里·佩奇：创新才能开启未来

拉里·佩奇是谷歌的创始人兼 CEO，他曾多次强调创新的重要性："创新才是谷歌的未来，而不仅仅是保持现有的实用性。"为了推动谷歌在无人驾驶汽车、无人机等方面的全面发展，2015 年，在佩奇的主导下，Alphabet 公司成立，佩奇担任 Alphabet 的首席执行官。2019 年退居幕后。多年来，他带领谷歌与 Alphabet 进行了大量新技术的研发，将知识转化成了巨大的财富。

"如果你刻意练习某件事超过 10000 小时，那么你就可以达到世界顶尖水平，但你一定要不断为自己提出新的目标，和自己竞争。唯有如此才能使你的水平不断提高。"这是佩奇时常说起的话。也正是在这样的自我激励下，佩奇带领公司以科技创新开启了一个又一个通向世界的"窗口"。在他心中,谷歌很伟大，但它还能更好。